文化遗产里的中国故事

大运河漂来紫禁城

单霁翔 著

中国大百科全书出版社

图书在版编目（CIP）数据

大运河漂来紫禁城 / 单霁翔著．—北京：
中国大百科全书出版社，2020.9
（文化遗产里的中国故事）
ISBN 978-7-5202-0829-1

Ⅰ．①大… Ⅱ．①单… Ⅲ．①大运河-
中国-通俗读物 Ⅳ.①K928.42-49

中国版本图书馆CIP数据核字（2020）第172948号

大运河漂来紫禁城
著　　者：单霁翔

出 版 人：刘国辉
策 划 人：蒋丽君
责任编辑：刘　杨　杜晓冉
特约编审：陈　光
特约编辑：金何夕
封面手绘：杜　飞
责任印制：邹景峰
出版发行：中国大百科全书出版社
地　　址：北京阜成门北大街17号　　邮政编码：100037
电　　话：010-88390718
装帧设计：吾然设计工作室　　印　　制：小森印刷（北京）有限公司
字　　数：168千字　　印　　张：7
开　　本：880毫米×1230毫米　1/32
版　　次：2020年9月第1版　　印　　次：2020年11月第3次印刷
书　　号：ISBN 978-7-5202-0829-1
定　　价：68.00元

前言

民族流动的血脉

中国大运河由京杭大运河、隋唐大运河、浙东运河三部分构成，全长3000多千米，开凿至今已有2500多年，是目前世界上最长的人工河，也是世界上开凿时间最早的人工河。作为人类与自然共同创造的一项壮举，大运河流经30多座城市，是构成海河、黄河、淮河、长江、钱塘江五大水系相连的水利大动脉，是中国历史上南粮北运、商旅交通、军资调配、水利灌溉等用途的生命线，对中国古代的全国统一和经济、文化交流发挥了重大的历史作用。

大运河涉及长江与黄河这两个中国古代文化、文明的核心地区，连接着夏文化、商文化、楚文化、燕文化、齐鲁文化等中国历史上重要的文化区域，是古代人类生活集中、文化遗址密集的地区。可以说，大运河不仅是一条河，而且是一个涉及交通、水利、地理、历史、生态等诸多方面的文化廊道。

习近平总书记指出，大运河是祖先留给我们的宝贵遗产，是流动的文化，要统筹保护好、传承好、利用好。近20年来，文化界的许多有识之士一直在为大运河的保护奔走。2014年6月22日，在卡塔尔多哈召开的联合国教科文组织第38届世界遗产委员会会议上，中国大运河项目被列入《世界遗产名录》。大运河申遗的成功，对于大运河文化遗产的保护起到了至关重要的作用。

说起文化遗产的保护，我经常想起与袁隆平院士的一段交往：2009年的时候，袁隆平院士给国务院领导写了一封信，提到他做了37年杂交水稻的那片水稻田能不能列入全国重点文物保护单位。当时我很犹豫。因为在过去，古遗址、古墓葬、古建筑、万里长城这些作为文物保护单位司空见惯，但一片农田是否能列入文物保护的范畴？带着这个问题，我去了湖南省洪江市安江镇溪边村的安江农校。这个地方在湘西，挺远的，过了洪江还要往前走。最终我亲眼看到了这片杂交水稻田和他们工作的一些装备、设备、建筑，保留非常完整。更加令人感动的是，我去看了袁隆平院士当年住过的房间。院士就是在一个非常简朴的房间里面，一张很普通的木板床上，思考着一些未来人们生活生存的问题，取得了非常重要的成果。于是回来以后，我们给国务院写了一个报告，建议把这一片水稻田列入全国重点文物保护单位，获得了国务院的特别批准。一年以后，我们又去了安江农校，我有幸与袁隆平院士一起为安江农校纪念园揭牌。在会议发言的时候，我说，袁隆平院士为人类做出的贡献、为中华民族做出的贡献，是有目共睹的。他解决了我们粮食的问题。我过去务过农，过去亩产四五百斤就已经很高了，今天超过了一千斤。民以食为天嘛！但是一位哲人说过一句话：当人们吃不饱肚子的时候，他只有一个烦恼；吃饱肚子以后，他会产生出无数的烦恼。也就是说，袁隆平院士能解决人们生存的问题，却不能解决生活方方面面的问题。什么能解决复杂的生活问题呢？我认为是文化。通过杂交水稻田成功列入保护项目，我们得到了重要的启示，即不但要保护“静态的”文化遗址，还应该关注那些“活态的”文化遗产。

现在的大运河，尽管仍然具有重要的运输功能，在江南地区仍然是社会经济生活中的重要组成部分，但从更宽广的视角看，大运河最重要的意义就是文化上的意义。这条纵贯中华大地的人工河流，哺育了两岸人民，是亿万人共同的精神家园。

如果说长城是中华民族坚挺的脊梁，那么大运河就是我们民族流动的血脉。在这一撇一捺大写“人”字的两侧，西侧有陆地丝绸古道，东侧则有海上丝绸之路，像腰间的彩带飘展开去。正是这样一个脊梁坚挺、血脉流畅、交流开放的“人”，生动地体现出中华民族进步与发展、交流与对话的文明历史。

就我个人而言，首次在全国政协会上发起大运河保护提案是2003年，当时我还担任国家文物局局长。与我刚开始关注大运河、接触大运河的资料、为大运河申遗奔走时相比，现在人们对于大运河文化遗产的认识已经发生了天翻地覆的变化。大运河沿线的许多城市，都陆续把运河遗产当成宝贵的文化资源，予以研究、保护和利用。运河两岸的城市，经济活跃，文化底蕴深厚，是中华民族最值得珍惜的一个城市群落，我个人对大运河文化遗产的未来充满了信心。同时，我也一贯坚持文化遗产保护要实现三个目标：要使我们保护的文化遗产拥有尊严；要使我们的文化遗产促进经济社会发展；要使保护成果惠及广大民众，特别是当地的民众。

很高兴能够再次把大运河的故事讲给更多的读者听，也期待有更多的人，特别是年轻一代，能够把目光投向大运河，有更多的有识之士能够投身大运河的研究、保护和利用中。

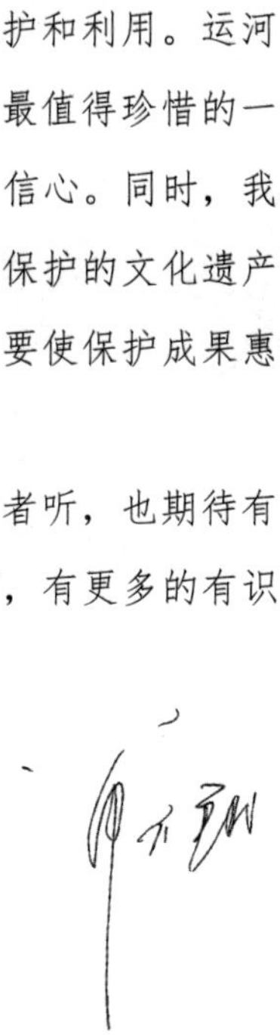

目录

壹

大运河漂来紫禁城

两千余年来，大运河以其沟通南北、漕运货运的强大功用，孕育了沿岸各城市文化。对于终点北京、对于紫禁城来说，尤其有着特别重要的意义。我常说，紫禁城是大运河上漂来的，许多媒体也喜欢引用这句话。事实上，在紫禁城建造初期，大量的建造材料、工匠都是顺着大运河运到北京的；大运河上漂来的粮食等物资，为紫禁城作为皇宫的运营提供了物质支持；包括康熙、乾隆皇帝在内的统治者，多次顺着大运河南下，吸取他们需要的文化；还有更重要的，大量的人才、独具特色的各个地区的文化，通过大运河源源不断地进入了京城。从某种程度上说，整座北京古城都是从运河上漂来的。

中国的传统建筑主要以夯土墙、砖石墙和木结构为主体，因此砖瓦与木料用量极多。尤其是对于有大小宫殿七十多座、房屋九千多间的紫禁城来说，假若没有这条大运河，想必建筑用料就只能就地取材，肯定不会像实际营造过程中那样从五湖四海挑选更有质量保证的材料，并输送到北京建成紫禁城了。

紫禁城的营造用材中，最难采集和运输的首推石料。比如天安门前的华表，金水桥，紫禁城各大殿台基、石阶、护栏和各种雕饰等都是用汉白玉制作的，因此石料用量非常大。汉白玉这种白色石料的产地多集中在北京西南郊的房山、门头沟等地，花岗岩则来自离北京 200 千米之遥的河北曲阳。在明清时期，远距离运送巨大而沉重的石料确非易事。于是聪明的工匠想出了旱船滑冰的办法，即在沿路打井，取井水泼在地上，结成冰，再将石料放在冰上，以人力拉拽前进。这虽然不是运河运输，却也是仰仗“滴水成冰”的特性，堪称人与自然相处过程中形成的智慧。

故宫三大殿南北两面都有巨大的丹陛石，这些丹陛石都由汉白玉雕刻而成。其中保和殿后的丹陛石由整块巨大的汉白玉雕刻而成，长 16.75 米，宽 3.07 米，厚 1.70 米，重达 250 吨，是紫禁城中最大的一块，也是中国最大的一块。上面刻着九条吞云吐雾、威严赫赫的神龙，石雕下则有五座流云水纹的宝山，石雕周围刻有精美大花纹，故称“云龙石雕”。这块可以说是前所未有的宫殿用巨石料，从开采到运送到紫禁城，耗费了极为庞大的人力物力。仅仅是从山中开采这一项，就征用了 1.6 万人。至于在运往京城的漫长道路上，因为要创造出泼水成冰道的效果，官府更是动用了大量人力物力，周转腾挪。运送动用了两万余民工、千余头骡子，运送方式是每一里挖一口井，然后从这一路上的 140 多口井里汲水，利用隆冬严寒泼水于路，形成厚厚的冰道，用粗大的绳索在冰道上拖曳巨石前行。就这样一路喊着号子，热火朝天地用了 28 天运到京城。

在明初修建紫禁城时，备料工作持续了近 10 年，各地的石料、木料被采集、输送到北京后，现场施工才大规模地开始。把备料和现场施工加在一起，前后历时 13 年，紫禁城方才建成完工。与产自北方的石料相比，巨大木料的运输过程注定更加曲折，因为这些木质优良、不易变形和开裂、易加工、耐腐朽的珍贵名木大多产自西南地区的崇山峻岭中，经过千辛万苦才能砍伐、运输到山沟，再编成木筏，等待雨季涨水时推入江河，沿流北上。这些名贵木材在沿路有官员值守，从不同的砍伐地点到北京，短则两三年，更长久的要四五年。有些木料在长途运送过程中不慎滑入漩涡，年深日久，便能形成所谓的“乌木”。比利时耶稣会士金尼阁整理翻译利玛窦的意大利文日记而成的《利玛窦中国札记》中，曾提到过紫禁城宫殿建筑修缮所需木材的运输方式。书中提到，人们通过运河把大量的木料运到京城，用于皇宫的建筑和修缮。运河沿岸几千名纤夫步履艰难地拖着一根根大梁扎成的长蛇般的木筏，后面还拖着其他木料。他们有的一天要走 5 千米路。木料来自中国遥远的四川省，运到京城有的需要两三年。每根大梁要耗 3000 两银子，有的木筏长达 1 千米。

在北京通州至今尚存的砖厂、皇木厂等地名，就是因储存“金砖”、皇木等建筑材料而得名。通州张家湾镇皇木厂村还遗留下几十块重达数吨或数十吨的花斑石。通州三教庙还陈列着在运河出土的十余米长的千年皇木。

青砖来自临清

建造紫禁城所用的青砖，来自山东临清，这在故宫博物院的官方网站上有一些专门的介绍。

《天工开物·陶埏》里有明确的记载，建造紫禁城所用的砖，大多来自山东临清。其实明清两代修建的明十三陵和清东陵、清西陵等皇帝陵寝用的砖以及南新仓等大型粮仓所用的砖，也与紫禁城的砖一样来自临清。临清砖官窑建于明永乐初年，清代延续使用，至清代末年废置。

明永乐四年（1406 年），成祖朱棣为迁都而下令营建北京城，开始大兴土木。山东、河南、直隶（今河北）等省均建窑烧砖，并在临清设工部营缮分司，专司窑厂的修建和贡砖的烧制。临清是京杭大运河凿通之后运河航运的枢纽之一，运输便利，而且土质尤其适合制砖。所以临清砖官窑都分布在运河沿岸，从今临清市西南部约 15 千米的东、西吊马桥到东、西白塔窑，再到东北部的张家窑，最后延续到临清东南部的河隈张庄，总计延续 30 余千米。据记载，明清时期临清有官窑 192 座，一座官窑有两个窑口，所以用来烧贡砖的窑就有 384 口。有些窑口分布十分稠密，如东、西吊马桥到东、西白塔窑，不到 10 千米内就有窑址 72 处，有的窑址间仅相隔 20 多米。

临清贡砖有着“敲之有声，断之无孔，坚硬茁实，不碱不蚀”的评价，可见其质地之紧密。如此质地优良，与当地的土质有很大的关系。临清地处黄河冲积平原，黄河带来的大量泥沙沉积于此，形成了细腻的富含铁质的沙土。由于黄河多次泛滥，在当地留下了多层沙土。黄河泛滥、退去、再泛滥，久而久之，当地就形成了一层沙土一层黏土的土壤结构。沙土呈现出浅黄甚至是白色，黏土则呈现为较深的赤褐色，白褐相叠，如莲花瓣一样清晰，因此被当地人称为“莲花土”。另外，烧制临清贡砖用的水是漳卫河（又称卫运河，是海河支流卫河与漳河汇合而成）里的水，清澈无杂质，俗称“阳水”。用阳水和着莲花土烧制的砖异常坚硬。临清贡砖抗压强度（硬度指标）比现在的普通砖高很多。经专业测试，临清舍利宝塔上的临清古砖比一般的石头还要坚硬。

临清砖的品质有保障，用今天的话来说，其生产过程是可以追溯的，许多砖上都清楚地印刻着匠人、作头和窑户的名字。而在贡砖的官窑里，分工也十分精细，今天我们还可以在临清市博物馆看到刻印有“大工”“内工”“寿工”等字样的各式贡砖，这是供给太和殿、天坛用的。除了上述三种人，还有专门从事挖土、推土、筛土、滤泥、踩泥、装窑、出窑、搬柴、烧窑、担水、在敲验过的砖上包纸的工人，甚至还配备有运砖到运河码头的运砖工人。

明清两代，临清砖窑在朝廷和官府的管控下，在对质量严格把控、能做到层层追责的前提下，形成了一套严格的技术操作规程，其程序和环节极为繁琐复杂，如要经过选土、碎土、过筛、熟土、养泥、醒泥、制坯、晾坯、盖戳、装窑、焙烧、出窑、初检、复检等。正因为这些环节每步都要做到，每步都要精益求精，不敢马虎，而且每一步稍有疏忽产生质量不过关都能追溯到源头，因此即便是一个效率很高的熟练工匠，每天也只能脱 400 块砖坯。如此复杂的工序与严格的生产制度，保证了贡砖的质量。在这套工序的严密把控下，每一批砖从进窑开始都要用猛火昼夜不停地烧足一个月，才能出窑。

北京城的营建长年不断。据乾隆五十年（1785 年）张度纂修《临清直隶州志》载，朝廷每年要在临清征城砖百万。除了城砖，临清砖窑烧制的贡砖还有斧刃砖、线砖、平身砖、望板砖、方砖、券砖十余种。据测算，临清贡砖最繁盛时年产量在 1000 万块以上。

烧制好的贡砖要逐一检验。负责验收的工作人员主要依靠“敲”和“看”。检验后，颜色白，质地坚硬，叩击有声的才能入选。每块合格的成品砖都要用纸包好，才能装运上船。贡砖解送到天津后还要重新敲验，那些敲不出声音的砖或者有其他质量问题的砖，就会被挑出来贮存在天津西沽厂。乾隆十四年（1749 年）王俊修、李森纂修《临清州志》记载：“砖价每块给工价银二分七厘；如挑出哑声者，每块变价银一分七厘；不堪用者每块变价银一厘七毫。”这样经过天津的再次检验，基本可以保证进了北京城的贡砖，个个都质量过硬。

不管水路还是陆路，凡交汇之处，运输必然特别繁忙。会通河与漳卫河在临清交汇，所以临清在大运河时代是扼守南北漕运咽喉的要津，也是大运河沿岸重要的水陆交通枢纽。乾隆五十年《临清直隶州志》中说临清“西北控燕赵，东接齐鲁，南界魏博，河运直抵京师，水陆交冲，畿南一大都会也”。临清贡砖的运输在明初是搭乘运粮的漕船北上，后来逐渐有其他航船运输贡砖。永乐三年（1405 年）规定，每一艘“百料”规模的漕船，要带砖 20 块。到了天顺年间，每艘运送漕粮的船路过临清时要带砖 40 块，嘉靖十四年（1535 年）更增加到每艘漕船带 120 块、民船每艘带 12 块。可见，明代北京城的营建规模在逐步扩大。当时商船带砖料带有一定的强制性，是船家的义务，如有损失，还要责令带运者赔偿。

“金砖”产自太湖

故宫的金碧辉煌让百姓叹为观止，于是坊间有了“紫禁城的地都是用金砖墁”的传言，说皇帝用金砖铺地。还有一种解释，是说苏州的陆慕砖窑所生产的这种地砖质量上乘，博得永乐皇帝的称赞，窑场被赐名为“御窑”。这种砖是专供京城的，所以在当地被称为“京砖”，在吴语中“京”与“金”读音没有差别，“京”字后来逐步演化为“金”字，故称为“金砖”。这种说法是否与真实的情况相符合，已经不可考，但“金砖”一词象征着财富与权力，在民间更容易传播，则是不争的事实。

其实所谓“金砖”，就是专供宫殿等建筑使用的一种高质量的铺地方砖。这些“金砖”产自苏州、松江等地，选料精良，制作工艺复杂，从选土练泥、踏熟泥团、制坯晾干、装窑点火、文火熏烤、熄火窨水到出窑磨光，往往需要一年半到两年时间。砖成后由水路运至北京。因其质地坚细，敲之若金属般铿然有声，故名“金砖”。

“金砖”之所以产于苏州、松江等地，是因为这种砖所用的泥是太湖泥，而且所用的土质须黏而不散，粉而不沙。

许多媒体上都介绍说，这样一块砖制成要720天。当年有“一两黄金一块砖”的说法。同作为皇家贡品的临清贡砖一样，苏州“金砖”的烧制工艺也在“皇家专用”的大帽子下，不得不极为复杂繁琐、精细讲究。临清贡砖要选当地特有的莲花土，“金砖”选用的是陆慕“所产干黄作金银色者”的黏性土，取的是三四米深的生土或浆泥，接下来要经过掘、运、晒、椎、浆、磨、筛七道工序，其精细程度堪比以繁复细腻工艺著称的苏州面点。不仅如此，土选好后还要置于露天风干一年，以去其“土性”，使其无板结硬块，质地细密。然后注水化成泥浆，再让牛群反复踩踏，这样不仅能去掉泥浆中的气泡，还能增加泥浆的黏稠度，形成泥团。这时，泥团无论质地还是黏稠度都达到一定标准，但是还要用人工进行反复摔打，进一步去气、增稠。最后，把泥放在阳光下晒干晒透，再磨成细粉，过筛而得到制砖用的纯土。此后再注水和成沉重黏稠的泥团，入金砖模具，盖上面板，再用人工在板上反复踩踏，进一步踩得瓷实，达到无可再踩的程度。这样才称得上是制成了最初的砖坯。下一个环节就是砖坯阴干七个月以上，经严格检测后入窑烧制。到了烧制这一最关键的环节，仍然是不惜工本，精益求精，因为稍有失误就会毁掉一整窑砖。在明代要先去潮，要文火烧制，用谷糠阴燃熏制整整一月；砖坯脱水再用劈成的片柴烧一月，最后用松枝烧40天，才能出窑。这漫长的工期全凭烧窑工的经验随时观察火候，及时去灰换柴，因此对窑工的要求非常高。出窑后，还要履行严格检查手续，一旦发现有6块达不到“敲之有声，断之无孔”的要求，那么整窑的砖都作为废品处理。所以在明代，苏州“金砖”从取土到出窑长达两年。到了这一步还未完结，出窑后只能算是半成品，还要用桐油浸泡，直到砖表面呈现光泽，再精心切片、打磨，才算最后制成。

经过如此复杂程序做出来的地砖，虽然不是什么“金砖”，但也确实光润如玉，而作为地砖，不滑不涩，相当合适。因为它们的制作工艺太复杂，因此即便是在紫禁城也不是处处都见“金砖”，而只有太和殿、中和殿、保和殿的地板铺上了“金砖”。这些大方砖上有明永乐、正德与清乾隆等年号以及“苏州府督造”等印章字样。为防止伪造，每一块“金砖”背面还有工匠的名字。

“金砖”的运输，当然也是依靠运河上的航运。明代永乐年间为迁都北京而兴建皇城，来自各省的城砖、“金砖”，经过大运河络绎不绝地运到北京。运输时用的是南北漕运的粮船，经过漫长的水路，抵达北京。为此，当时的京郊运河两岸建了不少搬运码头。工部为便于装卸、搬运和存储，又在附近设置砖厂，派专人负责验收、保护和转运。这样久而久之，从码头到砖厂到附近的配套措施，人烟辐辏，逐渐形成了自然村落。因为人们基本上是以砖厂为中心聚集在一起的，于是干脆以“砖厂”命名村庄。如通州区梨园镇的砖厂村，就是明代运河中码头（土桥村）旁存放南方所造城砖的地方；通州区永顺镇的金砖厂，则是明代后期与清代存放南方所造官府墁地砖的地方。

今天，当我们走进故宫，走进十三陵之一定陵的地宫，可以看到铺设的“金砖”仍完整无损。追溯“金砖”的“来时路”，不能不让人想起这条在中国大地上默默流淌了 2500 多年的中国大运河。

“神木”汇集通州

事实上，自从忽必烈下令凿通京杭大运河后，元明清时期，南方各省的粮食和营建北京城的物资，均由京杭大运河运至通州，部分储存在通州，部分由通州转运至京城及其他地方。繁盛之时，运输船只绵延十几、数十千米，在通州东门外运河上形成“万舟骈集”的盛景。“潞河为万国朝宗之地，四海九州岁致百货，千樯万艘，辐辏云集，商贾行旅梯山航海而至者，车毂织络，相望于道，盖仓庾之都会，而水路之冲逵也。”（《日下旧闻考》卷八十八）

顾名思义，“皇木”指皇室用木料，即皇宫、皇陵和藩王府的建筑用木。至于所谓“大木”“神木”，则是指如前文提到的保和殿丹陛石般尺寸巨大者。明代从洪武年间就开始在长江上游地区采伐高大的楠杉，用于北京、南京等地宫殿、陵寝、祭坛的主题立柱和重要木梁，此后直到清代，在 500 多年内形成了一套完整的皇木采办制度，涵括了采办形式、采木过程及大木的运送、贮存和利用等多方面。皇家用木跋山涉水被运送来后，其贮存场所就自然而然地被称为皇木厂了。据《大明太宗文皇帝实录》记载："工部尚书宋礼言，有大木数株，不藉人力，一夕出大谷，达于江，盖山川之灵相之。赐其山名神木山，遣礼部郎中王羽祭之，且建祠立碑。命翰林院侍读胡广制碑文。"曾任内阁首辅、文渊阁大学士的胡广作《神木山神祠碑文》。文中写道："永乐四年，工部尚书臣（宋）礼取材于蜀，得大木于马湖府，围以寻丈（指八尺到一丈之间的长度）计者若干，逾寻丈者数株，计庸万夫力乃可以运，将谋刊除道路以出之。一夕木忽自行，达于坦途，有巨石巉然当其冲。夜闻吼声如雷，石划自开，木由中出，无所龃龉。度越险岩，肤寸不损。所经之处，一草不掩。百工执事，顾视欢谨哗，踊跃交庆。事闻廷臣，稽首称贺。谓圣德所致。"巨大的木头在水中劈开石头可谓世界之奇观，这些乘风破浪的大木头于是被奉为"神木"，接收这些"神木"的地方就被称为神木厂。明代兵部右侍郎何士晋在成书于 1615 年的《工部厂库须知》中记载："先朝营建时，有巨木蔽牛浮河而至，疑为神木，厂遂得名。地在城外，以便湾厂轮运。"

根据一些专家的考证，明代在北京设有储存皇木的大厂，主要有如下几处：一是"山西两厂"在朝阳门外，指山西大木厂与台基厂；一是神木厂，在崇文门外，也就是现在东城区东花市大街一带，此外还有东直门外、广渠门外、东便门外、沙窝门外等说法。现广渠路附近的双井辖域仍有"黄木厂（场）"地名，乃是从"皇木厂"而来。

在通州，有六七百年历史的神木厂遗址也曾是储存皇家用木之地，乾隆曾作《神木谣》并在此立神木碑。近年来，在有关部门推动下，神木厂历史景观复建地点设在通惠河南岸的庆丰公园内，与北侧的庆丰闸遗址相对。按照设计，这处历史景观的修复建设主要分为三大部分，分别是在神木厂遗址建设神木保护廊房，并在廊房西侧建设《神木谣》御碑碑亭，南侧建设皇木博物馆，展示金丝楠木和大运河漕运等有关历史文化。

乾隆帝曾两次写诗赞颂“神木”。一次是乾隆八年（1743 年）所作《神木行》，其诗前小序为：“黄木厂有巨木，长六十尺，其围卧地蔽骑者，弗相见也。土人称曰神木。相传明初建北京时自南方致之，以其不中绳墨，故弗用。其皮肤因年久剥蚀，视昔为犹减云。”一次是乾隆二十三年（1758 年）作《神木谣》，诗中有“远辞南海来燕都，甲乙青气镇权舆”之句。现存古迹《神木谣》碑，通高 2 米，宽 1 米，厚 0.6 米。碑阴为《神木行》（原诗在《皇清文颖》中也有记载），碑阳为《神木谣》。

目前，关于通州历史文化方面的研究不少，大都集中在某一方面，如漕运、文物、非物质文化遗产、名人、文学等。随着北京城市副中心建设步伐的加快，北京市级机关、部门正式入驻通州，未来将会有越来越多的人来到通州、了解通州。

珍宝的“北漂”

除了砖石木料，南方还有不计其数的珍宝通过大运河源源不断运往北京。这其中，苏州是一座比较有代表性的城市。北京城从物质的方面到非物质的方面，再到人才，都与苏州有着千丝万缕的联系。

在物质方面，从皇家的衣食住行，再到文化娱乐，无不与苏州有关。衣着衣饰方面，苏州织造为紫禁城提供了最好的丝绸；饮食方面，苏州香米、鲥鱼、碧螺春茶、枇杷果等苏式风味在宫中受到持续青睐，苏宴的出现更是皇家饮食受苏州影响的直接产物；居住方面，苏州园林对紫禁城中各大花园的影响，对圆明园、颐和园等皇家园林的影响有目共睹，苏州制造的“金砖”到今天还铺设在紫禁城的主要宫殿之内；出行方面，紫禁城因条件所限，不能乘船，但是在西苑三海、三山五园的皇家游船都是模仿苏州式样；文化娱乐方面，起源于苏州的昆腔在道光、咸丰以前一直是紫禁城中最流行的剧种，苏州刻印的书籍，因刻工精美而在紫禁城中一直最受欢迎。其他如苏州的玉器、雕漆、刺绣、钟表、文房用品等，无一不在紫禁城中受到欢迎，例如苏州玉雕在故宫博物院藏品中数量可观。康乾二帝十二次下江南，每次都在苏州停留的时间最多：虎丘的塔影，邓尉山的梅花，上方山的寺院，无不见证了康乾二帝游玩的足迹。

在非物质方面，苏州的香山帮工匠从建造紫禁城时起就是紫禁城建筑最重要的一支维护力量；苏州的吴门画派曾改变了清宫画院的绘画风格；苏州手工业工匠的高超技艺，细腻入微的风格让紫禁城中的皇帝甚为倾倒，皇帝经常把造办处不能生产的东西交给苏州工匠来做，这就是著名的“苏工”。2003—2008 年，故宫博物院倦勤斋修复工程中的“双面绣”工艺就出自苏州。

物质与非物质之外，人才也是江南与紫禁城联系最紧密的一部分。江南的人才，在全国来说，有两类最具特色。一是状元，二是美女。紫禁城的正门午门，共有五个门洞，其中最中间的一个为皇帝专用，他人擅用则视为僭越行为，有欺君之罪。但有一个例外，就是殿试结束之后，金榜题名的状元、榜眼、探花三人可以从这个皇帝专用的门洞走出午门，在当时这是莫大的荣耀。而当时江浙一带的会试通过率很高，应该是殿试前三名人数最多的地区。清代的皇帝是满族，不与汉人通婚，选秀女时仅限于八旗闺秀，这是特例。但是明代的时候，苏州美女就出了不少“风头”。崇祯皇帝的一位皇后、两位贵妃中，就有两位来自苏州。又如苏州美女陈圆圆被选美入宫，虽然没有得到崇祯皇帝的恩宠，却成了那个天翻地覆时代的“祸水红颜”。紫禁城与苏州有着深厚的交流基础，皇家文化与江南文化被历史交织在一起，不可分割，而大运河无疑是这两种文化交织的纽带。

查阅清宫档案可以发现，乾隆朝以后，大量器物经过宫廷设计样式后，交由苏州织造制作。实际上不仅如此，器物的修补、做旧工作同样由苏州本地的匠人承担。乾隆三十年（1765 年）以后，苏州俨然成为造办处以外最大的宫廷御用品生产、加工中心。过去学术界仅仅注意到玉器、雕漆器等一两类器物的制作与苏州相关，而尚未意识到苏州在御用品修补、做旧方面发挥的重要作用。在玉器制作方面，乾隆时期被选送到造办处的地方玉工基本上都来自苏州。他们一方面将长期积累起来的苏州成熟的制玉技术带到北京宫廷，通过日常的技术咨询或有组织的人员培训等方式，将所掌握的制玉技术逐渐渗透到宫廷。通过他们，北京宫廷和苏州在制玉技术方面充分融合，提高了北京宫廷的制玉技术水平，为造办处玉器制作提供了技术保障。另一方面，他们也是宫廷玉器制作最主要的技术力量，承担了相当大的宫廷玉器的制作任务。从玉料的拣选、样稿的设计到玉器的琢制，都有技艺高超的苏州玉工参与。在造办处服务的苏州玉匠从没有间断过，他们中有的在宫廷服务长达 20 年之久。

在砚台方面，内务府造办处的砚匠由苏州织造选拔后送入京城。除此以外，乾隆年间的苏州织造还承担了部分砚台的制作、做旧及修补工作。在瓷器方面，档案记载，苏州织造自乾隆三十三年（1768 年）开始承办陶瓷器的修补工作，以宋、元、明代的珍贵瓷器为主，涉及打磨、镶烧古铜口、粘补破损处及作色等技术。瓷器的打磨源于琢玉工艺，命苏州织造承担该项工作，应该与当地高超的制玉技术存在必然联系。另外，自元、明以来，苏州的书画创作在美术史上占据了越来越重要的地位。尤其是明代中期吴门画派依托苏州地方经济的繁荣而崛起，成为当时文人画发展的主流。吴门画派的书画作品不仅是乾隆御府的重点收藏对象，也是故宫博物院藏品的重要组成部分。据统计，故宫博物院藏沈周绘画 167 件，书法 53 件；文徵明绘画 134 件，书法 46 件；唐寅绘画 85 件，书法 40 件；仇英绘画 105 件。如果加上其他吴门画家如杜琼、刘珏、文嘉、文伯仁、陈道复、陆治、谢时臣等的书画作品，其数量更大。

我们曾经做过统计，故宫博物院目前藏有 180 多万件（套）藏品，其中许多与苏州有着密切的关系。一是织绣类。故宫博物院织绣类藏品数量巨大、品种丰富，共有织绣类文物藏品 18 万件（套），其中所藏成衣、袍料、匹料、绦带、活计以及织绣画多为江南地区织造所成产品，但是由于历史原因，很多织绣品失去了产地标识印记。我到故宫博物院工作以后曾组织整理过，织绣材料库中匹料完整且带有苏州织造款识的就有 3291 件，包括自乾隆至光绪朝 30 余位织造臣的机头名款，其中以晚清同治、光绪时期居多。二是家具类。江浙一带生产的家具为苏作，苏作以黄花梨木为主，清代康熙、乾隆两朝均受到影响。故宫博物院藏苏式黄花梨家具 200 多件。据记载，宫中外东路符望阁、倦勤斋、延趣楼、遂初堂、萃赏楼、景福宫等多处的室内装修及部分家具，就是江浙一带工匠制作，当时应有很多苏州工匠供职于紫禁城内。

在紫禁城 600 年的历史中，紫禁城与苏州的联系，毫不夸张地说，比北京之外的任何一座城市都要多。这是因为江南文化与经济结合得比较紧密，科技含量高，审美形态也十分明显，江南文化很讲求圆融与和合，善于博采众长。这些都已经深深地融入皇家文化以至中华文化的主脉中。

大运河小百科：明清制砖

明代砖瓦烧造

明代砖瓦烧造工作隶属于工部营缮司。洪武二十六年（1393年）规定，凡南京营造需用砖瓦，于聚宝山置官窑烧造。永乐初期，为营建北京，工部设临清砖厂、琉璃厂（在今北京和平门外）、黑窑厂（在今北京左安门外）等官窑，分别烧造城砖、琉璃瓦和一般砖瓦。此外，河南、山东以及北直隶河间诸府均于运河沿岸建窑烧砖。明代中期以后，近京及南直隶苏州等处皆建有砖厂。应天、池州、太平、苏州、松江、常州、镇江各府，都曾专门派官选拔技术熟练的工匠进行砖瓦的烧造，并征用临清有窑处所，召商烧造。万历二年（1574年），武清县自立窑座，每年烧造城砖30万块，每块给价银二分二厘。

明清砖——品种、工序和分类

《营造法式》是中国现存时代最早、内容最丰富的建筑学著作。这本著作对砖的品种规格有较系统的记载：砖可分为方砖、条砖、压阑砖、砖碇、牛头砖、走趄砖、趄条砖、镇子砖共八种。其中牛头砖用于砌拱券，走趄砖和趄条砖用来砌城壁表面。明清砖的品种少，主要有条砖、方砖两种。方砖用于墁地，条砖用于砌墙。但明清砖的规格较多。最大城砖长一尺四寸七分，最大铺地方砖边长二尺四寸。

明清制砖一般经过7道工序：①亮（晾）土、沤泥。②踩泥，摔打。③造坯。④亮坯。⑤装窑。⑥烧窑。⑦洇青。

明清时期，砖的做法与近代基本相同。所制的砖按制坯的精粗，可分5种：①糙砖。用黏土加水拌和摔打，闷一夜之后即可制坯。这种砖质地粗糙，多用在混合墙和基础工程中。②砂滚砖。为避免黏土在速干时产生裂缝，以干砂附着在土坯的表面后烧制成，清代晚期用砂质黏土制的砖又称砂滚砖或砂板砖。③停泥砖。把泥浆存放较长的时间（经过冻和晒）再行制坯上窑。这种砖质地较细；大型停泥砖尺寸与大城砖相同，称停城砖。停泥法还用于制作其他规格的砖，如停泥方砖等。④澄浆砖。沉淀砂砾，澄出上部的细泥浆经过晾晒减去水分后造坯。这种砖的质地细密，能做磨砖对缝的墙面和地面。用澄浆法还制作其他规格的砖，如方砖、大城砖、斗板砖等。明代临清附近生产的澄浆城砖质地最佳，称为临清砖。⑤金砖。产于苏州，也称京砖，在明代是专供宫殿室内铺墁地面的大型方砖，质地极细密。在制造过程中，除各道工序工作更加仔细外，晾晒泥土须经一冬一夏，制成砖坯后用油纸包封严密，再阴干一年，然后入窑。烧成砖后要逐块检验，表面要光洁无疵，而且敲击时有金属之声，因此得名金砖。

贰

千里地无山

京杭大运河、隋唐大运河和浙东运河构成了今天大运河文化遗址的主脉，而这只是大运河最简洁的提法。中国人开凿运河的历史可以追溯到春秋时期甚至更早。利用人工开凿或疏浚的河道沟通不同的水系，使之满足灌溉、运输等方面的需求，是一项古老的生产活动，可以追溯到久远的上古年代。相传大禹治水时就集中采用“疏”法，根据地势高低、水流缓急等情况来疏通天然河道，最后引水入海。后世进一步按这种引导的原则开挖运河，以利通航。

邗沟：最古老的运河

公元前 11 世纪殷商末年，周部落首领古公亶父之子泰伯、仲雍为了让父亲能顺利地将王位传给季历及其子姬昌（后来的周文王），从北方迁居到江苏无锡的梅里，筑城建国。泰伯在这里建立的国，就是吴国，所以泰伯也被称为“吴太伯”，他是吴国的第一位国君。泰伯擅于治水，他率领当地民众开凿河流，这里的人民迅速过上了富足的生活。泰伯所开的人工河道后来被称为泰渎（今伯渎河），它沟通苏州、无锡，当时的作用主要是灌溉和泄洪。元末《无锡县志》记载了泰渎“长八十七里，宽有二丈”，这条古老的河渠至今仍是大运河的一条支流。

此外，公元前 506 年，吴王阖闾为讨伐楚国，命伍子胥开挖了从苏州直通太湖的河道（也有人说是疏浚了原有的运道），这条河道以伍子胥的名字为名，叫作胥河（胥溪）。胥河源出南京高淳固城湖，经宜兴、溧阳，在芜湖注入长江，全长100多千米。

江南地区素来号称水乡，水源丰富，河汊密布。到春秋时，开凿人工河流用于运输就已经不是什么新鲜事了。当时吴国在吴越争霸中胜出，为了加强对越国地区的控制，开凿了“山阴故水道”。这条在沼泽地上开凿的水道，西起今天绍兴城东的东郭门（五云门），东至今绍兴上虞区东关街道的炼塘村，全长20余千米，是浙东运河的前身。

周元王三年（前473年），越王勾践令越国大夫范蠡开凿了沟通太湖、滆湖之间的运河，名为蠡河。《宋史·河渠志》中记载在南宋淳熙九年（1182年）时，“其南曰西蠡河，自宜兴太湖而下，止开浚二十余里”，当时的官员认为，如果能把这条河开凿得更深更阔，引太湖水入漕渠约85千米（一百七十余里），可以免除浚治之扰。运河是运输的渠道，同样也是维持统治的命脉，越王勾践卧薪尝胆灭吴之后，为了加强对昔日吴国领地的控制，又开凿了一条从吴淞江到苏州的人工河渠——通江陵道，全长约30千米。在古汉语中“陵”就是“陆”，通江陵道，便是水陆并行，这种交通结构尤其利于行军，也成为后来江南运河平望至苏州段的基础。直到今天，平望镇至松陵镇的水陆交通还保持着并行的格局。

楚威王七年（前333年），楚威王兴兵伐越，杀了越王无疆，将江浙一带尽收入楚国领土。同样是河湖众多的楚国继续在江南修饬运河，如春申君黄歇主导修饬了苏、锡、常一带的许多河道，又修整了苏州、无锡之间的河道，疏浚了苏州城内河道并使这座水城初具规模。

春秋战国时期吴、越、楚三国在江南地区兴修水利，疏浚、开挖河道，为这一地区的运河航运打下了最初的基础。但是这些河渠的开凿大多是出于军事或政治目的，即便是方便交通运输，也只是附带功能。

一般认为，今天大运河最早的河段是当年被称为“邗沟”的淮扬运河（也称“里运河”），这是因为它的规模较大，具有南北大运河的一切特征，并且沟通了淮河和长江两大水系。

邗沟又称邗江、韩江、邗溟沟、中渎水，位于江苏省里下河平原西侧，为春秋时期吴王夫差开掘。开凿邗沟是出于军事的需要，邗沟开通之后沟通了长江与淮河，由此可以直接运兵北上攻打齐国。邗沟从邗城（今扬州市北）西南引长江水，在蜀冈下掘深沟（邗溟沟），再向东北通射阳湖折向北，至末口通淮。郦道元《水经注·淮水注》中说：“中渎水自广陵北出武广湖（今邵伯湖）东，陆阳湖（今渌洋湖）西。二湖东西相直五里，水出其间，下注樊良湖（今高邮湖），旧道东北出，至博芝、射阳二湖，西北出夹耶，乃至水阳矣。”

邗沟的开掘拉开了大运河的序幕。此后，秦始皇东巡时曾令赭衣（囚犯）三千，在今天的丹阳以西至镇江一带凿“丹徒水道”。后因这段人工河道落差太大，遂将直道改为曲渠，并把云阳（今丹阳）改为曲阿县，又因此水道为赭衣囚徒所开凿，春秋时的朱方邑又称为“丹徒”。从这些古今地名中，不难体会出运河的沧桑历史。

邗沟在两汉和魏晋时期都经历过一些改造。在吴王夫差开邗沟300多年后，汉代的吴王刘濞也于公元前179年开凿过一条“邗沟”。这条邗沟的主要作用是运盐，因为此时苏北一带已经是重要的产盐区。这条运河一直在发挥着作用，直至中国的最后一位封建帝王即位时，即清宣统元年（1909年），朝廷还改称该水道为“通扬运河”，这个名字一直沿用至今。东汉末年的建安二年到五年（197—200 年），广陵太守陈登发动民众疏通邗沟，将河道取直，这样一来，就更加便于通航了。三国时期，北方的魏国为便于运送粮饷，在平原地区大力开掘人工河道，如白沟、平虏渠、利漕渠、车箱渠等，也对邗沟进行了相应改造。东吴则对丹徒、云阳间的水上运道予以整治、疏通。

历史上邗沟经行路线颇多变动。清代徐庭曾著有《邗沟故道历代变迁图说》，书中标明了从古邗沟开凿至清代光绪年间，邗沟故道的七次变迁。

古邗沟故道位于今扬州城北，从螺丝湾桥向东直达黄金坝，今天仍然是扬州城的排污、排涝河，而且，在河流的中段还保留有明清时期修建的“邗沟桥”，石桥两边山花墩上均嵌“邗沟桥”石额。这段古河道是大运河系统最早期的遗迹之一，从汉代至唐代都是大运河的主航道，也是历代漕运的主要通道。河道虽然历经上文所讲的各个历史阶段的整治，但都是在自然河道的基础上拓宽和修缮，保留了自然的河道走向。

邗沟对于大运河有着非同一般的意义。扬州城是随着邗沟的开通而逐渐兴起的。上文列举的种种史实和变迁表明，历代王朝统治者出于政治、军事或农业、商业目的而大力开凿人工河道，河道在数量和质量上不断提升，以及民众出于农业灌溉、运输、商业往来的需求对人工水道的认识和技术积累不断增加，这些都为运河的规模性出现奠定了深厚的基础。一旦合适的历史契机来临，大运河的贯通和开凿也就是水到渠成的事了。

隋代大运河的贯通

“尽道隋亡为此河，至今千里赖通波”，这是唐代诗人皮日休的一句著名诗句。千余年来一直有一种说法，就是隋炀帝出于满足个人游玩享乐的目的，开通了隋运河。历史上的隋炀帝，确有好大喜功、穷奢极欲的一面，但他开凿大运河的动机被如此简单地解读也未免有失偏颇。这种民间说法，在明清小说兴盛以来，更加甚嚣尘上，其实也可以理解，因为这个说法的戏剧性比较强，比较有利于在民间传播。但如果认真读史，考察隋代当时的历史形势，就会发现：隋代大运河的贯通绝非偶然，也非隋炀帝一人之力就可以推动的，而是由当时的社会和历史条件决定的。除了前文所说的修建运河实际上已经积攒了许多水利方面的基础之外，中国经济中心南移的社会经济条件变化，也是催生大运河在隋代贯通的重要条件。

在先秦两汉时期，黄河流域是中国的经济和政治中心。北方无论是经济条件还是农耕技术都远远超过南方，南方虽然降水丰富，更加有利于农作物的生长，但此时尚未完全得到开发。在当时，粮食产量的多少，决定了王朝的经济命脉，在粮食产量基础上可供养的人口和军事力量，则决定了王朝的成败。《史记·货殖列传》记载：“夫三河在天下之中，若鼎足，王者所更居也，建国各数百千岁，土地小狭、民人众，都国诸侯所聚会。”三河指河东、河内、河南，大致相当于今山西、河南一带。在汉代之前，只要三河地区丰收，王朝大概就没有断粮之虞，与之相比，长江以南地区开发时间尚短，各方面积累较少。史料记载，当时的楚越地区仍然是地广人稀，虽是鱼米之乡，自然环境利于农作物生长，百姓无冻饿之后患，但生产力较为低下，劳动力不足，经济不发达，处于待开发状态，所以江淮以南“无冻饿之人，亦无千金之家”。

两汉盛世结束后，中国走入了战乱频仍的魏晋南北朝时期，这一时期中国社会经济发生了许多深刻的变化，用今天的话来说，此时江南地区开始了“逆袭”。这 400 多年是中国历史上政权更迭最频繁的时期，国家的疆域里南北分裂，大小政权你方唱罢我登场，各种战争更是连绵不断，因为北方少数民族的涌入，民族关系方面十分复杂。北方因为之前的经济基础较好而成为割据战、拉锯战的主要战场，经济受到严重冲击，大批士人、民众不得不南迁以避战乱。

南迁的士人、工匠、技师和农民带来了各个领域的先进知识和技术，江南地区的农业、商业随之迅速崛起。尤其是江淮地区和太湖地区，更以其肥沃的土地和丰富的河流湖泊资源而成为毫无争议的鱼米之乡。六朝时期的建康（今江苏南京）是十分繁华的，这在史册中有生动的记载。发展到南朝梁时期，建康人口已超百万，是当时世界上少见的大城市。与此同时，荆州、京口（今江苏镇江）、寿春（今安徽寿县）、广州、苏州、杭州等地也都是重要的商业都会。这时海上交通也变得发达起来，对外贸易日益活跃。

当然，除了经济方面的原因外，隋代开通大运河的政治目的也很明确，就是要利用这一航道对新辟国土实现更有效的控制。而更加直接的原因，是为了都城的粮食供应。

隋文帝杨坚建都大兴（今陕西西安），这里是天然的都城，但由于人口迅速积聚，粮食供应已经出现问题，于是隋文帝命建筑工程专家宇文恺开凿河道。这条运河是沿渭水之南，傍南山之东，直至潼关，连接黄河的广通渠。广通渠长约 150 千米，加强了关中与关东地区的联系。为了进一步沟通江淮地区，也就是把江淮地区的粮食物资方便地运输至都城，隋文帝又开凿了山阳渎一线。大业元年（605 年），隋炀帝杨广继位，下令在汉魏洛阳城西，跨洛河南北、瀍水东西，营建东京。营建东京的目的，诏书中称是“听采舆颂，谋及庶民，故能审政刑之得失。是知昧旦思治，欲使幽枉必达，彝伦有章。而牧宰任称朝委，苟为徼幸，以求考课，虚立殿最，不存治实，纲纪于是弗理，冤屈所以莫申。关河重阻，无由自达。朕故建立东京，躬亲存问。今将巡历淮海，观省风俗……其民下有知州县官人政治苛刻、侵害百姓、背公徇私、不便于民者，宜听诣朝堂封奏，庶乎四聪以达，天下无冤”（《隋书·炀帝纪上》）。虽然说了许多理由，其中最重要的一条还是因为“关河重阻，无由自达”，也就是因为交通问题，关中的粮食供给不足，这从当时大批官僚不得不“就食洛阳”的情形即可看出。同时，东京洛阳建成之前，隋炀帝将豫州的居民大量迁至洛阳，为建立新的都城打下基础。

大业元年营建东京洛阳的同时，通济渠与邗沟也开始施工，六年后，贯穿南北的隋代大运河初具规模。

通济渠即唐宋时期的汴河，是隋炀帝开凿运河中最早的一段。《隋书·炀帝纪上》载：“大业元年三月辛亥，发河南诸郡男女百余万，开通济渠，自西苑引谷、洛水达于河，自板渚引河通于淮。”《隋书·食货志》载：“开渠，引谷、洛水，自苑西入，而东注于洛。又自板渚引河，达于淮海，谓之御河。河畔筑御道，树以柳。”其间还记述，隋炀帝下令营建东京洛阳后，仅隔三日，即下令开凿通济渠工程。同时，古邗沟的疏浚修理工程也予以启动，邗沟疏浚过程利用了江南丰富的湖泊水系。由于自然河流航道的改变，隋代修建的邗沟已与古邗沟有了较大的变化，总体上，航道越来越直，航线的效率也越来越高。

在通济渠与邗沟的工程完成五年之后，也就是大业六年（610年），隋代大运河的最后一段——江南运河开工，江南运河从扬州始，经常州、苏州、松江而至杭州。这段运河绕太湖之东（太湖附近最为富庶的地区）。白居易的“平河七百里，沃壤二三州”（《想东游五十韵》）指的就是江南运河河道。

永济渠是从洛阳走向东北的另一条河流，开凿于大业四年（608年）。永济渠也大都是利用自然水道开凿而成，永济渠的开通不仅加强了关中地区与黄河中下游地区的联系，而且隋炀帝三次用兵高丽，都是仰赖永济渠提供的便利。

洛阳：隋唐大运河的中心

隋代大运河以洛阳为中心利用既有河道开通，此后唐、宋、金、元各代均有改建并继续利用。隋唐大运河南起杭州，北至北京，全长2000余千米。这条南北大动脉跨越地球10多个纬度，纵贯中国东南沿海和华北大平原，经过浙江、江苏、安徽、河南、山东、河北、北京等省市，沟通黄河、淮河、长江、钱塘江、海河五大水系，从而形成了以洛阳为中心，向东北、东南辐射的水运网。

隋唐大运河是隋唐时期的经济命脉，也使洛阳一跃成为一个大都市。大运河开通后，处在中心位置的洛阳自然也就担负起南粮北运的重务，同时也借着运河沟通南北的便利条件，成为南北贸易的重要商道。尤其是在唐代，随着大唐国力蒸蒸日上和商贸繁荣，洛阳附近的河道日益繁忙。《元河南志》卷四记载："自此桥（通济桥）之东，皆天下之舟船所集，常万余艘，填满河路，商旅贸易，车马填塞，若西京之崇仁坊。”往来舟船络绎不绝，以致水上交通拥堵，朝廷不得不于武则天大足元年（701 年）在洛阳立德坊南营建新潭，以供诸州租船停泊。唐代时日本派赴中国的十余次遣唐使，基本上都是要到达洛阳，使团中除了官员外，约半数为舵师、水手，还有主神、卜部、阴阳师、医师、画师、乐师、译语、史生，以及造舶都匠、船师、船匠、木工、铸工、锻工、玉工等各行工匠。随行有长期居留的留学僧、留学生，以及短期入唐、将随同一使团回国的还学僧、还学生，还有从事保卫的射手。唐代从西域来内地的商人为数众多，贩运来的玉器、马匹、玻璃制品等，经过洛阳这一中心枢纽的转输，流向东南、东北，甚至远达日本、高丽、南洋；与此同时，产自内地的大米、布帛、瓷器和珍珠等，又通过洛阳这一集散中心贩往西域。洛阳因此成为重要的商业物流中心和国际文化交流中心。

作为一个文物工作者，我对洛阳有着深厚的感情。洛阳是一个古都，是大运河缔造的众多都市之一。同时，洛阳还是陆上丝绸之路的东方起点，丝绸之路遗产保护也应是今天广受关注的话题。总之，在洛阳，隋唐洛阳城和大运河、丝绸之路，地上和地下的文化遗存都有着不可分割的文化联系，因此放在一起讨论，可以得出更加整体的概念。

洛阳是我在工作过程中经常访问的城市，洛阳有“九州腹地”之称。历史上，曾经有 13 个朝代在这里建都。隋唐洛阳城是“中国古代城市规划思想的源头”。

在大运河申遗时，将洛阳隋唐大运河遗址列入《世界遗产名录》还是经历了一个曲折过程的。当年无论是隋唐大运河遗址，还是洛阳丝绸之路遗存，是否将其列入申报世界文化遗产范围都经过了反复争论，经历了统一认识的过程，实属来之不易。此前大运河列入全国重点文物保护单位时的名称是“京杭大运河”，在申报世界文化遗产时我们提出应该加上“隋唐大运河”，由京杭大运河沿线的 24 个城市，扩大至京杭大运河和隋唐大运河沿线的 35 个城市参与申报。为此一些京杭大运河沿线的城市领导表示担忧，怕影响大运河的申报进度，他们认为“隋唐大运河”缺少地面遗存，缺少大运河的文化景观，但是我们在重新设立的《中国世界文化遗产预备名单》中，明确了大运河的保护范围和申报内容，既包括“京杭大运河”，也包括“隋唐大运河”，形成了完整科学的概念。事实证明“京杭大运河”和“隋唐大运河”整体申报世界文化遗产的决策是正确的。

除了大运河之外，丝绸之路也是一个线性文化景观，长期以来人们经常说陆上丝绸之路的起点是西安，终点是罗马。但是在组织编制丝绸之路申报文本时，我们认为应东延至洛阳，无论是“两京”，还是“两都”都离不开洛阳，在这一问题上，西安和洛阳的民众甚至还发生过口角。但是将洛阳的文化遗址列入申报之列，使申报内容更加丰富，内涵更加深厚。丝绸之路顺利列入《世界遗产名录》的事实也证明，这一决策同样是正确的。现在，这些争论已经趋于平静，思想趋于统一，令人感到十分欣慰。

这两次世界遗产的申报，都因洛阳后来的加入，使内容更加丰厚，这就说明了洛阳在中国文化遗产格局中的独特地位。我们手里的材料中有一段话说到“洛阳处于黄河流域的中枢，北至幽燕，南逾江淮，西对关陇，东抵黄河中下游平原，道路远近大致差不多。在古代历史条件下，这一优越的地理位置不仅便于周边地区对都城物资供应，而且便于都城对四周的管控”。明确这一保护格局具有战略思考，其中古都洛阳既是隋唐大运河的西起点，也是丝绸之路的东起点，它的加入，将丝绸之路和大运河联系在了一起，而浙东运河又将京杭大运河与海上丝绸之路联系在了一起。这样就形成了横贯祖国东西，连接沙漠绿洲丝绸之路和海上丝绸之路的气势磅礴的古代大型商贸运输和文化交流通道。因此，只有将洛阳作为陆上丝绸之路和中国大运河的重要支点，才能整体展现历史的真实面貌。

洛阳是我国最著名的古都之一，建都历史长达1500多年。在洛阳深藏着许多我国历史上最辉煌、最灿烂、最壮阔、最激动人心、最令华夏儿女骄傲自豪的历史记忆，也深藏着许多最能够代表和反映中华古代文明成就的历史遗存。保护好、展示好、研究好这里的文化遗址、遗迹和遗物，是开展爱国主义教育的国家需求，同时对于满足广大民众的精神文化需求也具有十分重要的意义。尤其在今天，国家大力倡导文化城市建设和文化遗产保护，推动“一带一路”国际合作的大好形势下，洛阳历史文化名城保护，应该有更大的气魄，具有更加前瞻性的思考。

事实已经证明，一座拥有丰富文化遗产资源的城市，就是一座拥有文化发展优势的城市。一座城市的文化遗产资源如果得到了有效保护与展示，就容易摆脱千篇一律的城市规划形态，避免城市文化危机，丰富城市文化内涵，成为形神兼备、古今辉映的文化古都和历史名城。

对于古都洛阳来说，是否站在历史的高度看待文化遗产保护，这将成为决定洛阳未来城市面貌和文化品质的决定性因素。

因为年代久远，隋唐洛阳城保护也面临着城市化进程加快和大规模城乡建设所带来的巨大压力与挑战，文化遗产保护的形势严峻。遗址内的人居环境较差，隋唐洛阳城保护与城市发展、居民生活改善之间的问题尚需予以妥善处理。因此，我主张需要从为当地民众营造良好的居住和活动空间、改善当地民众居住环境和人文环境、使当地民众和社会公众真正能从保护中得到实惠的高度，来看待隋唐洛阳城的保护。必须通过隋唐洛阳城的保护成果证明，文化遗产不代表落后、不代表贫穷、不代表脏乱，文化遗址能够成为城市最美丽的地方，成为改善人们生活环境价值最大的地方，成为推动社会进步、经济发展、民众生活水平提高的动力和资源。

对于城市发展首先需要的是战略思考，确定城市性质、城市规模、城市布局。对于古都洛阳来说，要巩固和发扬城市特色。我十分赞同 24 字的洛阳保护规划原则和理念，即“统一规划、重在保护、适度利用、以人为本、彰显特色、统筹融合”。北京市在 2016—2035 年的城市总体规划中，突出强调了城市特色的保护和发展，其中特别强调城市传统中轴线的保护，并积极申报世界文化遗产。同时提出保护三个文化带，即长城文化带、运河文化带、西山永定河文化带。洛阳在保护古都文化遗产、大运河文化遗产、丝绸之路文化遗产等方面需要统筹规划，形成网状的文化遗产保护格局。

在此基础上，要抓好重点，下大决心，形成隋唐洛阳城遗址洛南、洛北贯通的中轴线文化景观，建成宫城区和洛南里坊区两处大型考古遗址公园。通过集中有限的人力、物力、财力，实行连续若干年集中的强投入，力争在隋唐洛阳城和大运河遗产保护上取得突破性进展。通过隋唐洛阳城轮廓展示，“天”字轴线的复原，应天门保护设施的安置、天津桥的建设等，形成平缓开阔的隋唐洛阳城遗址保护区、壮美的传统城市中轴线、高潮迭起的线性文化遗产，把洛阳最负盛名、最令人难忘、最具有震撼力的历史遗迹保护起来、展示出来。

同时，我也深深感受到，应该扩大洛阳文化古都的社会知名度和国际影响，为国家文化外交做出独特贡献。几年来，我曾经多次向洛阳市领导建议，洛阳可以开展世界文化古都保护平台的建设。国际形势不断发生变化，中国逐渐站在世界舞台的中央，在国际上的话语权不断增加，中国的世界性文化遗产作为一种优势资源，也应该不断地发声。

2016 年 10 月，在文化部、新华通讯社、国家文物局的支持下，故宫博物院主办了“世界古代文明保护论坛”。同时，中国考古学会、中国文物学会、新华通讯社国家高端智库也为论坛的举办提供了协助。来自国际文物保护与修复研究中心、国际博物馆协会、国际古迹遗址理事会，以及埃及、希腊、印度、伊朗、伊拉克、意大利、墨西哥、中国等 8 个文明古国的文化与外交官员、博物馆馆长、考古学家、历史学家和文物保护领域的专家学者出席。论坛通过充分深入的交流与对话，积极探索了在当今国际形势下推动各国文化遗产保护传承工作及古代文明的国际交流与合作的途径，共同发起了《太和宣言》，即未来通过举办文化发展论坛，举办文物交流展览以及其他相关活动，举办学术研讨会以及其他相关活动，携手应对世界文化遗产保护所面临的共同问题，联合探讨人类文明可持续传承的有效途径。

2017 年 9 月，故宫博物院再次举办了“太和・世界古代文明保护论坛”。与 2016 年不同的是，此次论坛还得到了外交部的支持，同时，邀请到了联合国教科文组织和世界遗产委员会的代表，参会国家的数量从 2016 年的 8 个增加至 21 个，它们分别是阿富汗、玻利维亚、柬埔寨、中国、埃及、埃塞俄比亚、希腊、印度、伊朗、伊拉克、以色列、意大利、黎巴嫩、墨西哥、巴基斯坦、秘鲁、斯里兰卡、苏丹、叙利亚、突尼斯、土耳其。更多元的文化力量加入到了《太和宣言》伙伴当中，世界古代文明保护的舞台更加广阔了。

洛阳是中国六大古都之一，是丝绸之路、大运河双世界文化遗产城市，在世界上享有盛誉，也应该拥有非凡的号召力。可以就世界文明古都保护方面建立起具有国际影响的文化平台，也可以和故宫博物院合作举办“太和论坛”世界文化古都平行论坛。

实际上，中华人民共和国成立以后，洛阳城市总体规划就是全国城市规划领域的一面旗帜。早在 20 世纪 50 年代，洛阳城市规划中就明确“远离旧城建新城”，注重历史城区保护，率先实施“跳出老城，建设新区”的规划布局，曾经被认为创造了城市发展与文物保护的“洛阳模式”。在当时就连北京都执意在旧城基础上进行城市建设的情况下，洛阳城市总体规划的做法十分难得，长期以来成为城市规划教科书中的典型案例。

在文化遗产保护领域，20 世纪 80 年代在洛阳诞生了“先考古发掘后建设”的文物保护方式，被誉为“洛阳方式”，无论在城市规划建设，还是在文化遗产保护领域，“洛阳方式”都产生了积极的影响。20 世纪 90 年代，在洛阳第三期城市总体规划中，将洛南 22 平方千米的里坊区全部划为非建设区，实施整体控制保护，而新的城市发展建设则跳出隋唐洛阳城的里坊区向南发展。在蓬勃发展的大城市中心地带，保留如此大规模的考古遗址和绿色空间，这在世界范围内也不多见。美国纽约的中央公园非常有名，其在城市环境和文化建设方面发挥着重要功能，但是也只有 4 平方千米。

进入新的世纪，洛阳市在历史文化名城保护方面又开展了大量具有开创性的工作，作为这一过程的见证人之一，我深有感触。洛阳科学编制并积极实施了隋唐洛阳城考古遗址公园规划建设，开展了遗址保护区域的环境整治。这座考古遗址公园已经具有一定规模，成为人们流连忘返的城市文化公园。“考古遗址公园”是经过数年统一思想，形成的大遗址保护规划理念，从 2003 年开始实施位于东北的高句丽遗址保护和考古遗址公园建设，到 2005 年开始实施河南安阳殷墟考古遗址公园建设，这两处大型考古遗址双双列入《世界遗产名录》。随后开展了西安大明宫遗址和隋唐洛阳城遗址的考古遗址公园建设，如今看到保护成果得以呈现，心里确实十分高兴。

今天，隋唐洛阳城中的九州城等遗址不但得到了保护，而且人们能够享受到保护的成果，应天门等大型遗址经过考古研究，也相继完成了遗址保护和展示方案，正在进入实施阶段。特别是天堂、明堂等遗址，通过保护设施的建设，使考古遗址的保护与展示和谐共荣，使沉睡在地下的考古遗址真正“活起来”，当地民众和来访观众对此都很满意，成为大遗址保护的重要成果。

运河通京杭

前面讲了很多大运河的历史，以及隋唐大运河、京杭大运河，包括浙东运河共同申遗的故事。但似乎在很多人的脑海里，大运河就是指“京杭大运河”，甚至很多人认为隋炀帝开凿的就是京杭大运河。这或许从一个侧面说明了京杭大运河重要且有影响力。

大运河肇始于春秋吴王夫差之凿邗沟；至隋代完成了以洛阳为中心的大运河，此线于唐宋时期繁盛一时；元代将其截弯取直，形成了贯通南北的京杭大运河；从明代到清代前、中期，京杭大运河成为漕运通道，屡加疏通。

运河通京杭，其实是元代的事，是元世祖忽必烈皇帝的伟业。在南宋时期，由于宋金南北分治，运河也就无法得到合理运用，河道多有荒废。元灭南宋后，起初仍依靠旧运河进行水陆转运，其路线是：由长江辗转入淮河，逆黄河而上达中滦旱站（今河南封丘西南、黄河北岸），陆运至淇门（今河南浚县西南），入御河（今卫河），再船运至大都。这条隋唐以来的运河旧道，因历经变迁，久不通畅，造成漕运诸多不便，所以元代政府着手陆续修凿大运河，其主要的工程就是取直线路，由江苏取道山东、河北而进北京。

元代自至元十三年（1276 年）一月起开凿济州河。至元十八至二十年（1281—1283 年）由奥鲁赤主持引汶水、泗水，从济州（今山东济宁）西北到须城安山（今山东东平西南）开凿，最终形成约 75 千米的济州河。漕路由淮河入泗水（今中运河），经济州河北达安山，出大清河（即今黄河下游），经东阿（在今山东东阿南）、利津入海，然后由海运入直沽（今天津大沽口）达大都。此后因海口淤沙壅塞，运道不通，又改由东阿陆运至临清（在今山东临清南）入御河。至此，元代南北航运已大致沟通，所不通者，仅东阿和临清之间约 100 千米的旱路。此后，至元二十六年（1289 年）采用寿张县（今山东梁山西北）县尹韩仲晖等人的建议，派李处巽主持开凿会通河，从安山的西南起，分梁山泺（即梁山泊，在今山东梁山、郓城等县间）的水源北流。经寿张西北到东昌（今山东聊城），又西北到临清入御河。全长 125 千米，历时 6 个月完成。中建坝闸 31 处。为了完成从通州到大都最后一段的通航，元代还开辟了通惠河，全长 82 千米，置坝闸 21 座。这样，漕船即可一直开进大都城。至此南北航运已全线沟通。

明清两代基本维持了京杭大运河的运输系统，虽然某些航段的自然条件并不十分理想，在各代均出现一些难题，但总体上，京杭运河一直是维系国家粮食安全的命脉。

进入近代之后，自然因素与社会条件均有了一定的变化，随着海运的强化和铁路的兴起，京杭运河的情况也有了新的变化。在本章“大运河小百科”部分，将对近代以后的京杭大运河简要介绍。南水北调工程启动后，国家文物局更加关注大运河遗产保护工作，我也加入这个行列中，此为后话。

维系国运的运河

上文中，我们大致回顾了中国大运河航运系统的形成。通过这些回溯我们也了解到，大运河纵贯华北平原、淮海平原和杭嘉湖平原，在大运河沿线与支线网附近崛起了一大批繁华城镇，极大地促进了中国东部和中部地区的发展，沟通着中国南北方经济文化交流。

大运河是古代人类生活集中、文化遗址密集的地区。各个时代的大运河贯穿之地，都留下了丰富的文物古迹，因此大运河被人们誉为“古代文化长廊”“古代科技库”“名胜博物馆”“民俗陈列室”。它包含了历史、科学、艺术各方面的价值，其文物价值与意义都非同寻常。不仅如此，大运河在长度、年代上还创下了傲视环宇的纪录，特别是其沿岸几十座城市有着独特的人文景观和民俗风韵，保存了极具内河特色的文化。

大运河自开通以来，此航“运”之河便与历代之国“运”休戚相关。在生产力低下的古代，无论是开凿还是后续疏浚、管理这样一条沟通各水系、各地方的通航运河，对官僚政治体系和社会经济条件的要求都是相当高的。因此，在国富民强时开凿、管理便会事半功倍，运河带来的便利也能有效反哺；在江河日下时开凿、管理便会事倍功半，劳民伤财的后果便是加速衰落。

在当下的大运河管理工作中，在现实的文化遗产保护工作中，我们也遇到了态度上的游移不定与管理上的条块分割。这造成了大运河保护与管理的窘困，是亟须我们认识与了解的又一个重要现实问题。大运河的保护现状还有很大提升空间。除自然原因带来的挑战外，更有管理体制上的症结。大运河作为航运水道一直由各地水运或交通部门分段管理，一些管理人员和工程技术人员对大运河历史文化不甚了解，对大运河的文化综合价值更无从知晓。人们关注的是运量的增长与否，无从顾及对文化资源的保护利用；有关部门也往往是只着眼投资河道整修，忽视了文化的综合效益。

我们面对的问题，可能是管理方面的，也可能是现实的经济发展压力等，但我想，终归是由于今天的人们对于大运河的历史文化缺乏了解。

大运河自其诞生之日起，就与江山社稷、国计民生紧密联系起来，成为与之息息相关、荣辱与共的共同体。在当今社会，大运河随着空运、海运及物联网的发达而褪去了许多历史的光彩，但依然发挥着其通航功能，并因其地理环境、历史人文的积淀而生成了新的风貌，如湿地、森林公园、故道遗址等，继续以丰厚的遗产回馈世人。

大运河小百科：近代以后的京杭大运河

京杭大运河（京杭运河）自北京起，途经河北、天津、山东、江苏至浙江杭州。它是中国古代南北水路交通的主要通道。沟通了海河、黄河、淮河、长江和钱塘江五大水系，全长近 1800 千米。

近代的京杭运河

清咸丰五年（1855 年），黄河自河南兰封（今兰考）铜瓦厢决口北徙，夺山东大清河入海。从此，黄河不再行经安徽和江苏，而与运河改在山东交叉，这打乱了京杭运河的总格局，使大量工程失效。随着海运的强化和铁路的兴建，京杭运河作为国家南北交通干线的作用逐渐减小，由全线通航转变为局部分段通航，有的区段甚至断航。其中北运河和南运河虽也有个别工程兴建和改建，但只有局部通航。

在近代，会通河被黄河冲截为两段，北段淤塞，南段水灾连年不断，航运基本断绝。由于淮水不能恢复故道，中运河和淮扬运河由三河直入长江，运河北段水源几乎断绝，南段可以作地区性航运。民国时期，这两段运河的治理纳入导淮的统一计划中。江南运河因水量充沛，地区运输又有较多的需要，航运效益一直显著。

现代的京杭运河

京杭运河的恢复和扩建工作从 1950 年开始，包括培修沿岸大堤、堵闭旧海堤、整顿和改建沿河闸坝等。1958 年开始对运河全线进行大规模的整治和建设工程。徐州至扬州段，分设 10 个梯级，建设船闸，拓宽和加深航道，使之可通航 500 吨级船舶；扩大了排涝和灌溉面积，收到了航运、灌溉、防洪、排涝的巨大经济与社会效益。黄河以北天津至临清段，结合水利工程，先后建设了杨柳青、四女寺等多座船闸，实现了自卫运河新乡经临清至天津全线通航 100 吨级船舶，但该线在 1967 年后因水枯而断航。黄河以南至徐州段，其中梁山至济宁的梁济运河，经疏浚河道，建设郭楼船闸；济宁至徐州段，1961 年建设了微山船闸，又利用伊家河河道建设了韩庄、刘庄、台儿庄三个梯级船闸。长江以南，镇江至杭州段，多年来陆续进行了一些局部治理。

1980 年以后，对京杭运河济宁至杭州段又开展了大规模的续建工程。在此期间，徐州蔺家坝至扬州段建设了 8 座复线船闸和蔺家坝船闸，并对全河道进行拓挖，使之可通航 2000 吨级船舶。同时新建、扩建抽引长江水补水站 8 座。镇江至苏浙省界的苏南运河，建设船闸并进行全线整治。苏浙省界至杭州段，整治河道的同时建设了三堡两线船闸。同时，运河与钱塘江沟通，连成杭甬运河，至宁波出海。运河济宁至徐州大王庙段，进行浚挖，扩建和建设了 3 座船闸。

进入 21 世纪以后，京杭运河作为文化遗产资源受到了更广泛的关注。2006 年 5 月，国务院将京杭大运河公布为全国重点文物保护单位。此后，经研究，将包括京杭大运河、隋唐大运河、浙东运河在内的中国大运河纳入了保护和申报世界文化遗产范围。2014 年，中国大运河被列入《世界遗产名录》。

叁

岸边凝固的时光

大运河流淌的文明滋养着相关地域的传统文化，也成为沿岸人类生活的真实记载。各个时代的大运河贯穿之地，都留下了丰富的文化遗产资源。运河岸线遗存有数以千计的文物古迹，包括古建筑、古遗址、古墓葬、近现代遗址，以及数以百计的历史文化名城、名镇、名村。运河沿线分布着依河而建、因河而生的历史街区。它们承载着一个个的运河故事，凝固着一段段的运河时光。

绍兴：八字桥历史街区

浙东运河即杭甬运河，西起杭州三堡，经钱塘江航程 27 千米后，又经绍兴、上虞、余姚至宁波镇海入海口，全长 252 千米。

浙东运河始建于春秋晚期，其前身即是我们在上一章里提到过的春秋时期“山阴故水道”。这段古运河之所以繁盛，是因为南宋迁都临安之后，古老的运河成为为朝廷服务的航线，其战略位置上升，运河沿岸也就随之繁荣起来。此后，随着宁波一带海运的兴起，浙东运河成为沟通浙东平原和海外的重要贸易通道。从今天的角度看，浙东运河更沟通了海上丝绸之路和大运河两大线性遗产。

事实上，浙东运河本来的航运条件并不太好。西段称萧绍运河（旧称西兴运河，俗名官河），是西晋时期疏浚、开凿而成，水道功能从一开始的灌溉兼防洪潮发展到漕运；东段利用余姚江的天然水道，至宁波市汇入甬江。一方面，因运河穿越的钱塘江、曹娥江、甬江的水位高低不一，历史上只能分段航运。会稽境内的一段利用东湖（古代鉴湖的一部分）通航，上虞以东又利用了余姚江通航。由于各段水位不同，因而沿河必须设置一系列的堰坝。另一方面，就好像路轨宽度不同的铁路不方便连通一样，水利条件差别较大的河道之间，通航也存在一定的困难，因为各段河道的载船能力不同，有的可行二百石的船，有的可行五百石的船，这也影响了航运的效率；在堰坝层层的河道里，堰间采用牛拉船过堰的方式，以及设立关卡对船货盘剥，导致运输速度相当缓慢。《嘉泰会稽志》卷十记载北宋末年蔡肇在《明州谢上表》中记其从杭州到明州（今浙江宁波）运河沿途所见："三江重复，百怪垂涎，七堰相望，万牛回首。"三江即钱塘江、钱清江和曹娥江，七堰即西兴堰、钱清北堰、钱清南堰、都泗堰、曹娥堰、梁湖堰、通明堰。因为河道交错，堰坝众多，航程上就格外麻烦，这段运河航线无论是规划还是设置上都存在一定的缺陷。

为改善这一被动局面，宋代的浙东运河余姚段、都泗堰（今绍兴市内）至曹娥塔桥段、渣湖段和西兴、钱清段先后得以疏浚，运河堰闸得以增置并时时维修。尤其是在南宋定都临安后，浙东运河成为富庶的绍兴府、明州和浙东许多地区与都城往来沟通的要道。另外浙东运河还是临安沟通海外的唯一通道。钱塘江北岸的临安由于钱塘潮迅猛，江口泥沙淤积，日本、朝鲜等国使臣往来和海商船舶均不从钱塘江的干流行驶，而易舟到浙东运河到达杭州，这是宋代姚宽的《西溪丛语》中记载的。

南宋以后，浙东运河虽然辉煌不再，但浙东地区经济发达、富庶，宁波已经成为重要对外贸易港口，所以浙东运河继续繁盛不衰，而绍兴虽在杭州以南，却是浙东运河的重要城市，也就是大运河系统里的重要节点。

作为一座有着 2500 多年建城史的古城，绍兴城内古迹众多。市区内历史风貌保存较好的有八大历史街区，它们均有着自己的特色、历史文化遗存和共同的内涵风貌。其中，八字桥历史街区位于绍兴古城的都泗门内，有着典型绍兴水乡、桥乡特色，总面积约为 31.94 公顷。浙东古运河的河道向东穿过八字桥街区直达都泗门，因而八字桥历史街区，也成为浙东古运河水运货物的集散地。

说到这里，不得不提一下古鉴湖。古鉴湖是东汉会稽太守马臻于永和五年（140 年）主持创建的大型综合性水利工程，它是通过筑堤蓄水形成的一个巨大人工湖，有“八百里鉴湖”之称。古鉴湖集灌溉、防洪以及向城市和运河供水于一体，在建成后的一千多年中都发挥着重要的作用，造就了绍兴的富饶丰足。到了南宋时期，终因人多地少，在人们大规模的围垦中损毁、湮废。

古鉴湖的水位要高于绍兴城内运河的水位，人们为防止湖水倒灌而兴修了多种水利工程，比如都泗堰。都泗堰上设置的水门自然就是都泗门了。

据当地的专家考证，宋代都泗堰的地理位置在今东池路西边的浙东古运河河道下，正好位于今八字桥街区范围内。正如上文所说，古鉴湖水位高于城内浙东运河的水位，因此纵跨浙东运河的都泗堰两边，水位是有落差的。这样，运河上的载货船只就需要驻扎堰上的堰兵牵引拖拽。遇到水位落差大时，就只好等待较长时间。许多客商等不及，就在都泗门也即现在的八字桥街区下船，走陆路出五云门外换船。因此，八字桥街区至今还保留着宋代古籍中可见的一大批古桥，如八字桥、广宁桥、东双桥、纺车桥等。

据《嘉泰会稽志》记载，八字桥始建于南宋嘉泰年间（1201—1204年），“两桥相对而斜，状如八字，故得名”。从现代人的角度来看，八字桥呈东西向，跨越三条河，连接四方道路，构成了一个完整的水陆互通要道，在古代起到了“立交桥”的作用。纵跨运河的广宁桥也是始建于南宋期间，重建于南宋绍兴四年（1134年），明万历三年（1575年）重修。桥因乡人集资修建而使得来往百姓广受其惠，因有此名。桥下有纤道，纤夫可从桥洞下拉纤而过，也是一座古代的“立交桥”。

明清时期广宁桥附近商贸繁荣，人烟密集。到了清代，这里更是八方辐辏，车马骈阗。清初毛奇龄曾写有长诗《看月书事》，说的是他在七月十五日中元节这天晚上在广宁桥看见龙华寺做法的情景：“广宁桥上坐万人，项背轧札如鱼鳞。广宁桥下水波浅，大船小船波上转。”

对今天的人们来说，八字桥街区得以完善保留下来，是一件很幸运的事。这里至今还保存了清末民初的许多建筑，而街市的格局则与古书上说的“桥桥相映，水屋相连”十分相符。作为绍兴水乡、桥乡最典型、最集中的区块，这里具有众多的文物保护单位和有特色的建筑物及构筑物，如八字桥、广宁桥、东双桥、龙华寺等文物保护单位，以及状元台门（章家台门）等。

绍兴的古运河至今仍生机勃勃，与八字桥等丰富的文化遗存和齐全的运河功能是不可分离的，而且，绍兴的运河文化更有自己的独特性。我多次去过绍兴，印象较深的是2008年6月，当时我在国家文物局工作，我们在呼吁把浙东运河的遗存也一并纳入中国大运河申报世界文化遗产范畴。在京杭大运河申遗扩展为中国大运河申遗之后，这个目标得以实现。

中国大运河申报世界文化遗产是一个过程，一开始人们关注的是京杭大运河，之后大运河申报世界文化遗产不断扩容，又将其改名为中国大运河。隋唐年间的古运河连接世界的“陆上丝绸之路”，浙东运河则连接世界的“水上丝绸之路”，没有浙东运河，中国大运河的链条就不完整，也不符合历史的事实。有了浙东运河的加入，整个大运河的网络就更加完整，西边可通达罗马，东边可到达东南亚再通达世界各国。绍兴的古运河和城市有着自己独特的历史文化和自然特色，它属于中国大运河整体的一部分。

河南、安徽等地的隋唐运河现已失去了原有的防洪、交通等功能，仅留下文物保护价值。与这些运河不同，浙东运河仍然生机勃勃，舟行栉比，樯橹相连，功能多样。浙东运河不是单线的，而是复线的，沿河水道呈网状分布，因此它比别的地方的运河更丰富多彩。

2013 年，听说绍兴正在复兴水城，这是一个令人欣慰的消息。绍兴重建水城可以更好地保护历史，体现绍兴的历史性、真实性。绍兴能够把八字桥街区这样的历史遗存完整地交给 21 世纪，说明这里的人民对于文化遗存有敬畏。绍兴古运河一带河网纵横，人与自然的创造十分突出。运河边的古城、古镇、古村都是运河的组成部分。在城市发展中，运河是城市的积极因素，应该将其作为优势而不是包袱。运河和古城、古镇、古村交相辉映，这是城市文明的生动呈现。古城、古镇、古村是水城中独特的资源，因此绍兴复兴水城有着人无我有的独特资源。

开封：《清明上河图》里的古运河

随着时代的变迁，大运河的线路也在不断地发生变化，这就使得一些因运河而生的景观有可能随着运河的“迁徙”而逐渐变化。现在我们所能看到的最完整的古运河生活画卷，非北宋画家张择端笔下的《清明上河图》莫属。

宋代沿袭五代旧制，以汴梁之地为东京，定都于此。《清明上河图》以北宋东京汴梁（今河南开封）城郊为起点，向西沿汴河溯流而上，经过内城通津门外的土桥，到繁华的保康门街，向人们展示了汴梁城内外店铺林立的繁荣城市商业文化景观。这些历史文化街区是在城市经年累月的发展中形成的，既有民族性，又有地域性，构成了独具特色的民俗类文化景观，是人类文化多样性的重要表现形式。历史文化街区中的传统建筑同样经历了千百年的历史变迁，在不断地修复、重建中，接受传统与外来文化的支配与影响、同化与融合，形成风格各异又相互协调的群体形式，体现出人们对于幸福美好生活的向往与追求。在空间结构与建筑布局方面，这些历史文化街区往往呈现为带有某种规律性的整体，是民俗文化和居民生活在时间上的积累与延续，在显示城镇历史的同时，也是现代居住生活的环境载体，从外观形态与内在氛围上都显示出独具的民俗类文化景观特质。随着时间的流逝和城市的发展，这些历史街区的环境价值在城市空间中不断提高。

《清明上河图》所记录的城市开封，并不是在宋代才建成的，开封其实也是战国魏、五代梁、晋、汉、周的都城，而北宋是历史上开封发展的鼎盛时期，北宋王朝在此历 9 帝，凡 167 年。由于开封位于华北大平原的南端，周围地势平坦，无险可守。因此，北宋东京城共有外城、内城和皇城三重城墙，其中外城周长“五十里一百六十步”，规模庞大，著名的州桥、金明池、琼林苑等文化景观都包含在内。同时，开封是一座历经千年而城市基址未发生较大偏移的独特古城。遗憾的是，因地处黄河岸边，开封城多次遭黄河决口淹没，淤泥填塞，特别是明末李自成率农民军决黄河水灌城，致使开封城毁于一旦。近 20 余年来的考古调查已经初步证明，在开封城市地下 3~12 米处，上下叠压着 6 座古代城池，其中包括地下约 3 米处的清代开封城，5~6 米处的明开封城，8~10 米处的北宋东京城，12~14 米处的战国魏国大梁城，构成了“城摞城”的奇特文化景观。

开封并不是一个因运河而生的城市，但是运河的开通确实让这个城市的地位发生了变化，晚唐时即有“当天下之要，总舟车之繁，控河朔之咽喉，通淮湖之漕运”的说法，通淮湖之漕运，即是说开封和淮扬地区的联系，江南地区的粮食经漕运转运到这里，使得开封成为南北交流的要津。

在开封的古都城复原图中，我们可以看到这里的几条河流，其中有五丈河、金水河、汴河和蔡河。五丈河又名广济河，唐五代时便已经存在，因河面有五丈宽故得其名。五丈河虽宽，但漕运条件并不理想，容易淤塞，因而太祖建隆二年（961 年）宋廷继疏浚五丈河，又凿通了自荥阳至东京的一条运河，这条河就是金水河，金水河于“京城西夹汴河造斗门……架流于汴水上，东汇于五丈河，以便东北漕运”。（《读史方舆纪要·卷四十六》）这也是为了方便漕运而新凿的一条运河。汴河本身就是隋代运河的一段，前文说过，它的另一个名字叫通济渠。蔡河原是开封向南的古老水系，因隋开通济渠，其水源被夺，在隋唐年代逐渐不能通航，宋代又对其进行了新一轮的修建，使得蔡河变身为一条新的运河。

《清明上河图》里记录的繁华景象即是由这几条河的汇流缔造的。因为有这几条河流在，江南地区的鱼米便可通过运河源源不断地向这里输送，使得开封虽地处内陆，却也可以承载更多的人口和更复杂的社会活动。

“汴河通，开封兴；汴河废，开封衰。”这句在开封流传的民谣，说明了大运河与开封的关系。汴河是大运河的重要组成部分。没有汴河，就没有北宋时期东京城的绝世繁华；没有汴河，就没有流传千古的《清明上河图》。这幅举世闻名的画卷，很大一部分描绘的是汴河边的场面。

《清明上河图》中，“上河”即是指汴河，其中一些细节反映了当时汴河漕运的景象。画面中有几艘漕船，有的船正停泊在岸边，工人正在搬运货物；也有的船搭着板子到泊岸边，人们正在从船上向岸边背东西。《清明上河图》里所有的街道两旁都有商铺，在画面的中部还有一个驼队。《清明上河图》中所绘的城楼，就是屹立于汴河南岸的“上善东水门”。

汴河是北宋国家漕运枢纽，从画面上可以看到漕船云集、人头攒动的繁忙景象。汴河沿岸的人们有在茶馆休息的，有在看相算命的，有在饭铺进餐的。商店中有绫罗绸缎、珠宝香料、香火纸马，此外属于“第三产业”的还有医药门诊、大车修理、修面整容等。大的商店门首还扎着“彩楼欢门”，悬挂市招旗帜，招揽生意，街市行人摩肩接踵，川流不息。《清明上河图》里有名有姓的商铺有好多家，最气派的是“孙羊店”，此外还有刘家上色沉檀楝香、王家罗锦匹帛铺、孙家正店、赵太丛家药肆、王家纸马店等，从吃穿用到扫墓祭品一应俱全，表现了当时汴京商业的繁荣。

《清明上河图》画面中，有座横跨于汴河上的木质拱桥，规模宏大，精巧优美，宛如飞虹凌空，因此名为虹桥。桥上人来人往，熙熙攘攘，热闹非凡，甚至还有搭棚子摆摊的贩卖者。而在桥下河面上，一艘大船正准备从桥下经过。船头还没到桥边，船夫们就已经做好种种准备，紧张忙碌起来：有用竹竿撑船的；有用长竿钩住桥梁的；有用麻绳挽住船的；有的在大声吆喝，要周围的船只注意；还有几人忙着放下桅杆，以方便船只通过。邻船的人也在看热闹，指指点点，像在大声吆喝着什么。船里船外都在为此船过桥而忙碌着。桥上的人也伸头探脑地在为过船的紧张情景捏了一把汗。这艘运河里的船在《清明上河图》上构成了一个情节中心，正是有一个又一个这样的情节中心，才让这幅画卷妙趣横生。

《清明上河图》里记载的繁荣的都市景象，当时在全世界也几乎是独一无二的。这样的繁荣离不开大运河。正是这条人工河流，让汴京成为一座国际化大都市。

北宋灭亡后，受政治中心南移的影响，汴河的作用大减，并很快断流。元、明、清建都北京，漕运改由元代开通的京杭大运河担负，汴河逐渐被黄河泥沙淤没于今开封城下数米乃至十数米之处。

通过对东京城遗址和古马道遗址考古发现，地下很深的地方都是黄河淤积而成的沙土。自上而下，明清、元、隋唐的底层分层非常明显。这样，才形成了开封"城摞城"的奇观。而曾给开封带来辉煌的汴河，早已随着历史车轮的前行从人们眼前消失，深深地掩埋在地下。

开封市文物考古研究所自2007年开始开展的"隋唐大运河开封段文物调查勘探工作"发现，汴河在开封境内可分为东京城区内和城外两部分。东京城区段运河故道已经深埋地下10米左右，河床宽度为14~23米，州桥、虹桥、汴河粮仓等重要遗址就在该段汴河。东京城区外的汴河故道在开封境内全长80千米左右，但也同样多淤没于地表以下，仅部分地段地表尚存洼地。

黄沙已经掩埋了曾经的街市和桥梁，但是却掩埋不了历史的记忆，如今开封已经成为大运河线性景观系统中的重要节点城市，曾因运河而生的许多繁华虽然早已不再，但历史已经将一段特别的文化记忆烙刻在这座城市的深处。

《清明上河图》可称得上是中国古代流传下来的绘画作品中名气最大的一幅，大家想必还对几年前故宫博物院展出《清明上河图》时的盛况记忆犹新。事实上，2002年《清明上河图》在上海博物馆展出时，就曾出现了排队长达6小时以上的现象。2010年，在香港展出了上海世博会中国馆“镇馆之宝”——电子动态版《清明上河图》，为期 3 周的展览所售出及预留给学校及团体的门票总数超过了 78.5 万张，大量门票在短短 6 天内全部售罄。最终，这次展览共吸引了逾 90 万观众参观。数年之间，《清明上河图》一路“升温”。到了 2015 年，观者若想在故宫中一睹这幅古卷的真容，就要做好等待几个小时的准备。如果不想排队等，就只有加入“故宫跑”了。观众排了这么长时间的队伍，还那么有耐心，我们心里十分感激和欣慰。从中也能看到大家对传统文化的热爱、对文物意义的理解。

无锡："运河佳绝处，放眼清名桥"

在大运河的沿线城市中，无锡是很有特色的一座。在国家文物局工作期间，因为"无锡论坛"的举办，我几乎每年都去无锡，对无锡的了解也越发深入。

大运河无锡段全长 40.8 千米，这里的运河航运至今仍然繁忙，是无锡最重要的运输通道，船舶年流量超过 40 万艘，是直通上海国际航运中心的内河集装箱集疏运主通道。不仅如此，这里更是不断集聚着航运、生态、文化等方面的各类景观。

无锡老城最初位于大运河与梁溪河之间，后来城区越过运河向东延展，形成了运河穿城而过的景观，无锡老城独特的龟背形格局就此奠定。1958 年，京杭大运河无锡城中段被填平成了道路，发展为现今无锡市内最为繁华的中山路。从此，大运河也就被城市的主干道分成了两股，分别从一东一西两个方向围绕城区环流，最后在跨塘桥汇合。汇合后继续南流，在至下甸桥与 20 世纪 80 年代竣工的绕城新运河汇合。运河虽历经沧桑变化，却依然在社会经济大潮的发展推动下，催生了无锡南北两大商贸物流历史街区——北门外的北塘大街和南门外的清名桥历史街区。

清名桥历史文化街区和惠山古镇两条老街沿着运河南北呼应，是典型的江南水乡，也是典型的江南运河街区景观。流淌的运河把江南的市井风情、工商文化、历史文化串联起来，这样的遗产资源是不多见的。

这两条老街，先后跻身中国历史文化名街行列，我在担任国家文物局局长时为这两条老街挂了牌，这是记忆犹新的事。清名桥全长 43.4 米，高 8.5 米，是无锡段运河上最古老、规模最大、保留最完整的单孔石拱桥。桥身为花岗石构筑，造型古朴，少有雕饰，只在桥顶两侧正中刻了桥名。

清名桥始建于明代万历年间，原名“清宁桥”，为无锡寄畅园第四代主人秦燿之子秦太清、秦太宁捐资所建造。寄畅园是无锡著名的园林，秦氏家族产生过许多显赫一时的人物。在秦燿之前，这个园子名为“秦园”，至他成为主人时，才易名寄畅园。清宁桥是秦氏家族捐资造的桥，各取太清、太宁兄弟俩名中一字命名。到了清代道光年间重修此桥时，为避道光帝旻宁讳而改为清名桥。

清名桥位于闹市中心——“南门外”古运河与伯渎河交汇处，连通古运河两岸的南长街和南下塘，自古以来就是无锡城里的闹市。运河航运繁忙时，清名桥一带的码头通往东南各乡镇的班船每天有十八班。

清名桥历史文化街区内文化遗存十分丰富，有 20 多处文物保护单位。

2006年，全国政协“大运河保护与申遗考察团”考察无锡从跨塘桥至清名桥1.5千米长的古运河段，认定这里是“最具原生态风貌的古运河文化绝版之地”，把这里形容为“江南水弄堂，运河绝版地”。在20米宽的河道两岸，无锡市民傍河而居，每隔四五家就有砖石台阶伸入河水中。每一家都是“前街后河、前店后坊”的格局，前门上桥逛街，后门洗菜下船，因河设市，江南水乡图景历历在目。

不仅如此，无锡的水乡生活码头场景也与时俱进，与工商业有机融合起来。明清时期，无锡成为与汉口“船码头”、镇江“银码头”齐名的“布码头”。无锡是鱼米之乡，米市居全国四大米市之首，这也使得无锡成为江南漕运的储运转送中心，每年进出漕粮100多万石，在漕运繁盛时，无锡有粮行140多家。无锡还是民族资本主义率先得到发展的几个城市之一。光绪二十一年（1895年），无锡第一家近代工厂——业勤纱厂在运河边建成。此后无锡第一家面粉厂茂新面粉厂、第一家缫丝厂裕昌丝厂等都依靠运河的地利之便，如同雨后春笋般在大运河边、梁溪河畔陆续建成。无锡后来形成了六大民族资本集团，分别为荣家、杨家、周家、薛家、唐蔡家、唐程家。他们从事不同的行业生产，但其厂房、仓库、烟囱、水塔、居所均设于运河边。这种建筑格局也记录了古老中国从农耕文明向现代工业文明的转型。

无锡市历来重视对运河沿岸工商业遗存的调整与利用，保留完整的近代民族工商业遗产达42处，相当一部分已建成博物馆或作为名人故居对外开放。在清名桥历史街区就可看到，运河西岸的永泰丝厂旧址已改建为中国丝业博物馆。地处古运河和梁溪河交汇处的荣氏兄弟茂新面粉厂则改建为中国民族工商业博物馆。当年依托运河发展繁荣起来的米码头、布码头纷纷转变为创意产业园区。

时隔数年，再看无锡清名桥等遗存，我的评价是，这“江南水弄堂”基本朝着良性的方向发展。特别是清名桥历史文化街区在二期保护中，注重老民居与沿河人家生活方式的保护。这值得赞赏，毕竟人文气息才是老街的生命力。

文化遗产的保护与利用，能否找到一个平衡点？这个问题的答案正如解决很多难题一样——事在人为。

我曾在接受无锡媒体采访时给大运河保护提出六点建议：注重运河水体、水系保护，沿河段切忌房地产开发；保护古老建筑的同时，也要保护好老菜场、老字号等民间遗产；从文物单体保护向线性文化遗产保护转变，注重线段保护；保护古代的遗产，也要注重当代文化的创造，让人看到不断生长的运河；静态保护与动态保护相结合，呈现居民的生活气息，是活着的运河；物质文化遗产保护与非物质文化遗产保护相结合，使其成为非物质文化遗产展示窗口。

这些建议也是我在考察了多个保护成功与不甚成功的遗产点之后总结出来的。大运河要以世遗的标准，而不是申遗的标准要求自己，才能体现其风范。

一段时间以来，无锡成为国家文化遗产保护的“风向标”。国家文物局设立的“无锡论坛”，每年结合国际社会文化遗产保护理念进步和中国文化遗产保护实际，发动对一类新型文化遗产的保护行动，例如2006年的工业遗产保护，2007年的乡土建筑保护，2008年的20世纪遗产保护，2009年的文化线路保护，2010年的文化景观保护，2011年的大运河遗产保护。这些文化遗产保护理念的进步，也使大运河保护的内涵更加深刻，保护的外延更加丰富，社会效益不断扩大。

自 2006 年 6 月，国家及运河沿线各地秉承民意，正式启动大运河保护和申报世界文化遗产工作以来，各地政府和民众对待这项工作的热情持续高涨。无锡市坚守运河城市的文化传统，坚持科学态度和人文精神妥善处理城市发展与运河遗产保护的矛盾，在探索与实践中保住了城市的独特风貌，凸现了无锡的文化魅力。无锡市政府投入大额资金，用于清名桥街区企业的搬迁，又大力支持利用企业腾退的厂房建立无锡丝业博物馆、窑业馆、运河艺术馆和 1955 创意产业园等文化设施，对文化遗产研究、保护和利用起到了积极作用。

这些都记录在无锡的历史中，也记录在大运河的历史中。

湖州：“十字港”上的南浔古镇

南浔镇位于頔塘东端，是頔塘最知名的大运河古镇。南浔镇原为一村落，位处苏、嘉、湖、杭四城市的交会处，是湖州至苏州、嘉兴、上海水陆交通的必经之地。于南宋时期发展扩大，成为市镇。明清时期，南浔因蚕桑业、手工缫丝业而发展繁荣，并依靠大运河支线——頔塘运河的交通便利，发展形成了基于頔塘运河的独特十字港架构格局。据清代的《南浔镇志》记载，该镇在明末清初时已是“阛阓鳞次，烟火万家，苕水流碧，舟船辐辏，虽吴兴之东鄙，实江浙之雄镇”。至道光年间，南浔“东西南北之通衢，周约十里，郁为巨镇”。南浔镇完全是一个小型水城的结构，“十”字形河道是镇上交通的骨架，镇北河溪两旁遍布码头水埠和店铺，河与街并行，水埠以踏步石作的基本形式从河岸延伸至市镇入口，沿西线运河两岸，尤其是莲花桥至长桥之间，河道宽而逶迤，临河而建的民居高低错落，趣味横生。

南浔的辑里湖丝又称“辑里丝”，堪称丝中极品，因产于南浔镇辑里村而得名。辑里丝一直作为帝王的御用品，帝王的黄袍明确规定必须用辑里丝做。据《徐愚斋日记》载，英国女王过生日，有人因为把辑里丝作为礼品进献而获奖。清代咸丰元年（1851 年），英国伦敦首届世博会，辑里丝又获大奖。即使现在，轻、白、净、柔、韧的南浔蚕丝仍然是全国高品质蚕丝的代表。

因为有辑里丝这一特产，再加上运河便利的运输条件，南浔一直比较富庶。同时，因为国际贸易活跃，这里在近代也较早地接受了西方的文化，所以今天我们去南浔南西街上游览时可以发现，这个江南小镇上的建筑不仅是小桥流水的江南风格，也有高堂广厦的西式建筑元素，这种风格在江南名镇中是十分鲜明的。

南浔的丝业在古代就已经很有名气，清代董蠡舟《卖蚕丝》一文写道：“就中分列京广庄，毕集南粤金陵商。”可见此时，大江南北的丝商已经云集于此。乾隆时人曹仁虎的《浔溪竹枝》诗记叙了通津桥旁“丝行埭”交易的景象：“红蚕上簇四眠过，金茧成来欲化蛾。听道今年丝价好，通津桥口贩船多。”

20 世纪初，作为名甲天下的南浔辑里丝的主要产地和集散地的南浔古镇，依托大运河及周边地区发达的桑蚕与农耕经济，孵化出国内最大的丝商群体，南浔也一跃成为江南重要商业城镇。当时，南浔的刘、张、庞、顾四大家族资产已跻身于中国一流巨商之列。

今天我们去南浔时，依然可以见到那些高大的名宅。这其中，张石铭宅、张静江宅、刘墉和刘承干宅等丝商住宅，最为显著。刘家的小莲庄，是南浔保存最为完整的私家园林。它位于南浔镇西南的万古桥西，刘镛于清光绪十一年(1885年)始建，后经刘家祖孙三代40年的续建，到1924年，才在刘镛的长孙刘承干主持下完全建成。由于刘家人较早接受了西方文化的熏陶，使得小莲庄的建筑呈现出了土洋并举的风格。小莲庄中的东升阁及刘镛三子刘安泩的崇德堂、刘承干的求恕里宅院和张石铭宅院等，对于西式建筑风格采取了“拿来”的策略。比如，光绪三十四年（1908年）竣工的崇德堂，由南、北、中三部分组成。中部建筑以传统吴兴住宅建筑为本；南、北部建筑与欧式建筑杂糅，又以北部古典欧式建筑立面最为壮观：清水红砖，水泥嵌绕，两层拱券式麻道造型与两窗户形式统一，硕壮而劲捷的多立克式水泥柱在红墙的衬托下益显光彩，而两侧的山墙则运用了传统的封火屏风式，高标耸立在屋面上。

这种“混搭”型的建筑风格，以其标新立异和壮观夺目而为南浔当地富豪们所推崇。张氏旧宅是国民党元老张静江堂兄张石铭的私家住宅，建于清光绪二十五年至三十二年（1899—1906年）。整座大宅建筑面积达6137平方米，有着244间各类建筑风格的房间，一部分为晚清中式建筑，厅堂内往往铺设着法国进口的地砖，悬吊着西洋画装饰的天花板；其余为西欧巴洛克风格建筑，却镶嵌着中国传统的花卉雕刻等。虽然高度“混搭”，但十分和谐。这可以作为运河文化与丝绸贸易结合的范例。无论是大运河还是海上丝绸之路，除了具有经济的功能，在今天看来，更具有文化交流与塑造的能力。

仓廪实而知礼节，作为江浙人文渊薮的组成部分，南浔历史上出过三位位极人臣的大学士，分别是沈榷、朱国祯和温体仁。其中明代尚书、文渊阁武英殿和建极殿大学士朱国桢为官正直，反对阉党把持朝政，所著《涌幢小品》为后世研究明史必读书。同样出身南浔的还有近现代书画鉴藏家庞莱臣、张葱玉，古钱币收藏名家张叔驯等。南浔的顾氏家族向以兴学尊文著称，1939 年顾乾麟以其父之名在上海创办了面向清寒、优秀中学生的“叔蘋奖学金”，是中国近代以来历史最为悠久的民间奖学金，因在抗战时仍筹款办奖学金而传为佳话。南浔小镇上还有着高品质的藏书楼馆，尤以建于 1920 年的南浔嘉业堂藏书楼保存最完好，王国维、郑孝胥、罗振玉、吴昌硕和张元济等都曾为之供本刻印。此外，还有刘桐的“眠琴山馆”、蒋维基的“俪籯馆”、蒋维培的“求是斋”、蒋汝藻的“密韵楼”等，整座小镇的文化历史气息十分深厚。

南浔镇历史文化街区总面积 1.68 平方千米，较为完整地体现了清末民初南浔古镇的街区格局和历史风貌。街区内重要保护建筑向公众开放展览，其余民居建筑基本保持了原有的居住功能，依然是南浔镇区内核心居民区。

沿河景观，因“运”而生

前文介绍的几处与运河有关的城市、街区均具有一定的代表性，但并不能代表运河城市、运河村镇、运河街区的全部。许多与运河结合紧密的城市，比如京杭大运河的起点杭州与终点北京，有更多为运河所塑造的城市景观，例如杭州的拱宸桥，北京的什刹海。此外，还有苏州的山塘街、聊城的东昌府、临清的老街、枣庄的台儿庄、天津的三岔河口等，也都有着丰富的运河文化资源。

列举这些大运河畔的城镇街区，不过是为了让更多的读者能够了解一条蜿蜒的运河所带来的经济、社会、文化的变化，从而更加坚定大运河保护是我们不可推卸的历史使命这一信念。在漫长的历史长河中，受自然侵蚀或人为破坏的影响，很多在世界范围内具有重要意义的大运河遗产都已湮灭殆尽、无法寻觅。这就使得那些保存至今的大运河遗产显得尤为珍贵。它们见证了中国古代劳动人民的天才创造，代表了人类杰出的创造精神，具有无可比拟的重要性。为此，2006 年国务院将京杭大运河整体公布为第六批全国重点文物保护单位。然而，城市化进程的加速和人口不断膨胀带来的巨大压力，使这些为数不多的大运河遗产变得更加脆弱，一些已列为当地规划保护的大运河遗产仍未能免遭破坏的厄运。因此，迫切需要我们进一步统一认识，紧急采取有效措施，为国家、民族、子孙后代全力以赴、争分夺秒地抢救大运河遗产，延续大运河流淌千百年的生机和活力，弘扬中华民族自强不息的精神与追求。

大运河保护工作极为复杂艰巨，容不得丝毫懈怠、半点马虎。尤其在城市化快速发展、城乡建设规模空前的阶段，大运河遗产及其特色保护尤为紧迫。运河沿线城市大多因运河而生、因运河而兴，运河滋养了各方土地的千姿百韵，运河城市的万方仪态也构成了大运河文化的无穷魅力。近年来，在大运河沿线，无锡等城市被列入中国历史文化名城；苏州市甪直镇、湖州市南浔镇等村镇被入选中国历史文化名镇名村；无锡清名桥历史街区、扬州东关街等街区入选中国历史文化名街。在大运河保护与整治中要科学行动，坚守大运河文化传统，避免对大运河精神理解的错位。

大运河保护要避免“打造”趋于同化的城市景观，避免因缺乏科学态度和人文意识而使整治后的城市沿河景观出现雷同的、缺乏生机的水泥护坡以及千篇一律的水边广场、房产开发项目。要避免因不科学的整治而丢失了运河城市原汁原味、风味十足的地方特色，使得大运河景观变得生硬、浅薄和单调，也彻底损害了大运河的整体价值。

沿运河的文化景观需要更多的了解，不管是官方还是民间。只有更多地了解了大运河的历史，才能更清楚地认识沿运河文化景观的历史价值。

大运河小百科：《清明上河图》

中国北宋风俗画作品。作者张择端。绢本，淡设色，纵 24.8 厘米，横 528.7 厘米，目前收藏在故宫博物院。“清明”，为中国农历二十四节气之一。按民间风俗，这个节日的主要活动是祭扫先人茔墓。也有人认为此图“清明”指汴梁外城东郊的清明坊。但一般认为《清明上河图》是描绘北宋京城汴梁及汴河两岸清明时节的风光。开卷处画汴京近郊镜像，疏林薄雾，农舍田畴，有往城内送炭的小毛驴驮队。渐次柳树成丛，嫩绿新发，行人往来，其中有踏青扫墓归来的轿乘队伍和长途跋涉的行旅。中段写汴河，巨大的漕船，或停泊于码头，或往来于河心，一片繁忙景象。汴河上有一座规模宏敞的横跨拱桥，其桥无柱，以巨木虚架而成，结构精巧，形制优美，宛如飞虹。桥的两端紧连着街市，车马行人，南来北往。画中一艘巨大的漕船，正在放倒桅杆，准备过桥，船夫们呼唤叫喊，紧张操作，引来了看热闹的人群，该场景为全画的一个高潮。后段写市区街道，以高大雄伟的城楼为中心，两边街道纵横，房屋鳞次栉比，有茶坊、酒肆、脚店、肉铺、寺观、公廨等。各类商店经营着罗锦布匹、沉檀香料、香烛纸马等。另有医药门诊、大车修理、看相算命、修面整容等，各行各业应有尽有。街市上行人摩肩接踵，络绎不绝，士农工商，男女老幼，各个阶层人物无所不备。

《清明上河图》写实性很强，时代气息浓厚。画面细节刻画真实，如桥梁的结构、车马的样式、人物的衣冠服饰、各业人员的不同活动等，描画具体入微，生动丰富，反映了社会生活和物质文明的广阔性与多样性，有着文字难以替代的文献史料价值，是了解 12 世纪初中国中原城市生活极其重要的形象资料。在表现手法上，《清明上河图》采用了传统的手卷形式，全图以不断移动视点的办法，即“散点透视法”来摄取所需的景象。繁而不乱，长而不冗，段落分明，结构严谨。画中人物多达 500 余人，不唯衣着不同，神情气质也各异，而且穿插安排着各种活动，其间充满着戏剧性的情节冲突。其笔墨技巧，兼工带写，线条道劲老辣，与一般的界画大不相同。《清明上河图》无作者款印，根据卷后金大定二十六年（1186 年）张著的跋语，得知作者是张择端。卷后其他题跋诗文的还有金代张公药、王磵、张世积，元人杨准，明代李贤、李东阳、吴宽、陆完、冯保等人，说明此图曾经被北宋、金、元、明、清内府和许多私人收藏过，是一幅流传有绪的名迹。

肆

智者的河流

大运河形成了一个规模庞大的航运工程体系。河道、码头、船闸、桥梁、堤坝等水利设施，无不凝聚着千百年来无数智者的心血。大运河贯通海河、黄河、淮河、长江、钱塘江五大水系。这些自然形成的河流，每一条都有着独特的水文条件，就像五个性格迥异的大力士，而大运河犹如一位包容的智者，把它们聚拢在一起，形成了中华民族的黄金水道。

运河的历代建设者克服了多变的地形高差，巧妙利用沿线江、河、湖、泊等多样的水资源条件，经过持续的建设和不断地适应与改造自然，实现了世界上最早的水资源空间调度。大运河的选线设计，体现了古代中国人民在地形测量、水文勘察、水利规划等方面的高超智慧。

孔子说：“仁者乐山，智者乐水。”在大运河开发、保护和利用的历史中，处处都可见到智者的身影。

沈括、宋用臣：分段筑堰，导洛通汴

北宋时期，东京开封府（今河南开封）、西京河南府（今河南洛阳）一带是国家的政治经济中心，此地的汴河便是当时主要的水上运输线。

汴河即通济渠，为隋代开掘的大运河中的一段，从洛阳西苑引谷、洛二水入黄河，经黄河入汴水，再沿春秋时吴王夫差所开的运河故道引汴水入泗水，最终到达淮水。因运河主干在汴水一段，故习惯上称之为汴河。古代城市通常依河而建，以解决饮水和交通等诸多问题，汴河就是北宋国都开封的重要水路。加之宋太祖赵匡胤在建国之初采纳了赵普“稍夺其权，制其钱谷，收其精兵，则天下自安矣”的策略，各地官府正常开支以外的财物均须运送到开封，汴河作为水运命脉的重要性自是不言而喻。

作为一条人工河，汴河面临着水源的问题，当时它的航运主要依靠引黄河水。黄河水量充足，按说汴河的航运没有大问题。但我们都知道，黄河在水文上有两个不利的因素，千百年来许多水患因此而起。其一是黄河水的流量随季节变化大，所以显得“情绪很不稳定”，另一个众所周知的问题，就是黄河水含沙量大，容易淤积河道。自然，这两个不安定因素给汴河的航运带来了一系列的复杂问题。例如，黄河水量的不确定性使得黄河入汴河的水口经常变动，有时无法控制进水量；河道淤积严重，需要经常清淤，以保证泄洪和航运。

对此，宋代围绕汴河开展了大规模的工程建设。在汴口的建设方面，为了适应其经常变动的特点，北宋没有兴建永久性的闸门以节制黄河进水量，而是采用最简单的办法——人工控制汴口的宽窄以节制流量。汴河水涨时，把汴口塞小；汴河水落时，将汴口拓宽。宋真宗大中祥符二年（1009 年），汴河水大涨，“诏选使乘传减汴口水势。既而水减，阻滞漕运，复遣浚汴口”（《宋史·河渠志三·汴河上》）。由于汴口每年都有水利工程，北宋朝廷为此还专设一官职，负责汴口的施工，役卒则随时调拨。此后基本形成定制。总之，每年开展的汴口建设不分季节，都是根据河流水情而定。人工控制汴口具有在技术上简单易行，又能就地取材、方便灵活等优点。北宋时期就是用这种简易的办法解决了引黄济汴的水量问题，使汴河发挥出巨大的航运作用。

对于汴河的清淤，北宋时期主要采取两种办法，一种是“疏浚法”，即直接进行人工清淘；另外一项技术措施是“狭河工程”。顾名思义，“狭河”就是让河道变窄，河道一窄，流水就变湍急，这样泥沙未及沉积就被带走了。“狭河”在当时是采用木桩、木板束起河堤，这样经过“瘦身”的汴河就更容易行舟了。司马光在《涑水记闻》卷九中记载：“汴张巩建议大兴狭河之役，使河面俱阔百五十尺，所修自东京抵南京，南京以下，更不修也。今岁所修止于开封县境。”

虽然有上述两种方法，但清淤工作仍然十分麻烦。

熙宁五年（1072 年），朝廷诏令沈括治理汴河。沈括（1031—1095 年）是宋代著名的科学家。像许多古代的科学家一样，他是一个通才，其著作《梦溪笔谈》中包含天文历法、地理建筑、政治经济、法律军事、宗教风俗、文学艺术等自然和人文科学方面的思想见闻。沈括对于水利也颇有研究，他的第一份工作为沭阳县（今属江苏）主簿，在这个工作岗位上，他曾因成功地治理了沭河而被当地百姓拥戴。得益于自己在数学、地形测量等方面的知识和早年积累的治水经验，沈括对汴河的水流、两岸的地势、河床深浅进行了实地考察，整理了大量有价值的数据，并据此制订出详细而具体的疏浚方案。

沈括的汴河治理工程可以分解成三个部分：第一，全力疏通汴河，挖出沉积的淤泥；第二，将淤泥用于改造盐碱地；第三，截断黄河水，引洛水入汴河。黄河水含沙量高而洛水清澈，这种换水源的方式可以有效防范淤积。

治理汴水是一项复杂的工程，特别是更换水源、河流改道，在生产力还不够发达的农业社会，许多环节是十分辛劳的。沈括在治理过程中，精确地测量出从开封上善门到泗州淮口之间的距离为“八百四十里一百三十步”，约 420 千米。这在测绘方面是一个开创性的成果。

《梦溪笔谈·杂志二》详细记录了沈括所使用的测量之法：“验

量地势，用水平、望尺、斡尺量之，不能无小差。汴渠堤外，皆是出土故沟，水令相通，时为一堰节其水；候水平，其上渐浅涸，则又为一堰，相齿如阶陛。乃量堰之上下水面，相高下之数会之，乃得地势高下之实。”当时已普遍使用“水平”等仪器来测量地势高低，但测量精确度往往随距离增加而降低，产生误差。于是沈括创造了一种新的测量方法——“分段筑堰”法。沈括利用汴渠堤外过去取土后留下的旧沟，将汴渠与之沟通，使旧沟成为与汴渠相连的河道，然后往里灌水，将水积蓄起来。水面平稳后，在靠近上游处筑第一级横截的堤堰，然后再往上一级河渠中灌水，等水面平稳了再筑第二级横截的堤堰。就这样逐级升高，保证每级之间的水面同时处于水平、静止的状态。然后测量各级水平面，分别量算出各级之间的高差，相加后即得到总高差。利用这种方法，沈括不仅测得“京师上善门量至泗州淮口”的精确距离，还测得“京师之地比泗州凡高十九丈四尺八寸六分”。沈括独创的“分段筑堰”法具有较高的测量精度，而且在此前世界上从无先例，令人不得不佩服其匠心独运。

沈括不但做平面测量，而且做地形测量。他所用的方法在今天看来虽然不是太完善，但其结果也不会有大误差。沈括所用的测量仪器虽然未必精密，但对于河堰的高度已经精确到了寸，也可见他做事的精细。现代地质学家、物候学家竺可桢先生在评价沈括首创的地形测量方法时说：“欧洲古代，希腊虽曾测海岸之远近，罗马盛时亦有测量街道之举，但地形测量在括以前则未之闻。”国外最早的地形测量是俄国于 1696 年开始的顿河测量，比沈括要晚 600 余年。

在治理汴河之后，宋神宗熙宁六年（1073 年），杭州於潜县县令郏亶上疏，称苏州环太湖地区多水，而沿海地区地势高容易干旱，希望修筑圩堤，治理水患。朝廷采纳了这一建议，由沈括任两浙察访使，负责这一地区水利工程完善。沈括用了半年时间在两浙各地进行巡视，考察民风民俗和农田水利建设情况。他以实地考察所取得的资料为基础，对地方管理中存在的诸多问题提出了整改措施，再次用自己对于水利工程的高超见识造福了一方百姓。

为了纪念他，1979 年，中国科学院紫金山天文台将一颗小行星命名为“沈括星”。

此后，宋神宗元丰元年（1078 年），都水监丞范子渊奉诏实地勘测，再次提议“导洛通汴”。按范子渊的想法：汜水、索水、洛水与汴河比较，尚有九百余尺的盈余，可以畅入汴河。如果洛水的水量不够，可再以黄河水为补充。为保证水势能够被控制在所需要的范围内，每百里设有一个木闸。此外，汴渠两旁还有许多水源，都可以作为辅助。只要汴渠能保证有五尺的水深，就可以保证航线的畅通。范子渊设计的引洛入汴的主要工程有：从巩县神尾山起，至士家堤止，筑大堤四十七里以捍黄河，自沙谷至河阴县十里店，穿渠五十二里，引洛水入汴。

如前文所言，在古代要兴修如此宏大的水利设施不是一件容易的事。宋神宗又命蔡州观察使宋用臣再次对这项工程进行勘查。《宋史·河渠志四·汴河下》有对此勘察过程的详细记载：“（元丰）二年正月，使还，以为工费浩大，不可为。上复遣入内供奉宋用臣，还奏可为，请‘自任村沙谷口至汴口开河五十里，引伊、洛水入汴河，每二十里置束水一，以刍楗为之，以节湍急之势，取水深一丈，以通漕运。引古索河为源，注房家、黄家、孟家三陂及三十六陂，高仰处潴水为塘，以备洛水不足，则决以入河。又自汜水关北开河五百五十步，属于黄河，上下置闸启闭，以通黄、汴二河船筏。即洛河旧口置水澾，通黄河，以泄伊、洛暴涨。古索河等暴涨，即以魏楼、荥泽、孔固三斗门泄之。计工九十万七千有余。仍乞修护黄河南堤埽，以防侵夺新河’。从之。”

这就是说，虽然这种方法费工费时、耗资巨大，但宋用臣同样认为这个方法是可行的。而且宋用臣的计划比范子渊考虑得更为周全，特别是对防止伊、洛河暴涨有较为妥善的应对措施，对清汴后通航有较大的把握，所以宋神宗采纳了这一建议，并差宋用臣提举导洛通汴工程。

导洛通汴工程于宋神宗元丰二年（1079 年）三月开工，到六月完工，七月闭汴口断黄河水，改用洛水入汴，并通漕运。到宋哲宗元祐五年（1090 年）十月再导黄河水入汴止，前后共 11 年。在此期间，清汴对改善汴渠航运起到了很大的作用，通航期大为延长。由于洛水含沙量少，汴渠淤积速度大为减缓，清汴效果显著。清汴不仅解决了运河水源存在的问题，而且综合利用了测量、开凿、置闸、防洪、水柜等各项技术，是宋代为改善和发展人工运河所取得的重大成就。这项工程规模浩大，北宋中叶政局又较为动荡，所以在各类史书中对此有不同的评价，但今天回过头来看，这的确是人类利用运河、造福社会的伟大尝试。

郭守敬：寻找白浮泉

大运河上的工程奇迹比比皆是，不出北京就能见到。比如北京通惠河的白浮瓮山河段，这里解决了京杭大运河北京段的水源问题。这段河道自昌平区东南白浮泉起，终至瓮山泊（今颐和园昆明湖），最终把水引进城内的积水潭。

京杭大运河的北起点是北京，位于北京的这一段河道被称为通惠河。京杭大运河在开凿至北方时，水源就成了一个大问题，尤其是到了通州。如何能够找到水源，让运河进入元大都（今北京）呢？这就不能不提到元代伟大的科学家郭守敬。

郭守敬（1231—1316 年）是元代著名天文学家、数学家、水利工程专家。他著有《推步》《立成》等 14 种天文历法著作，是《授时历》的编制者，还改制、发明了简仪、高表等 12 种新仪器。他也是最早在水利工程中使用“海拔高度”概念的科学家。同沈括一样，郭守敬也是一个“全能科学家”。而具体到大运河，郭守敬的贡献就更加不能忽略。他可以说是元代大运河的“设计总监”和“首席专家”。

元至元八年（1271 年），忽必烈定国号为“大元”，定都大都。漕运从来都是以首都为中心，首都迁到了大都，运河就得改道。当时也有海运渠道，南方的粮船从江苏太仓航行至直沽(今天津)，然后再从白河(即北运河)达通州。或者是漕粮沿江南运河、淮扬运河、黄河、御河(卫河，相当于永济渠中段)、白河抵通州。这条航线在理论上也是可以通行的，但是路径曲折无比。中原一带的漕渠本来就因为多战乱而受到损毁，在河南还有约 100 千米要走陆路。更令人挠头的是，金国入主中原后漕运几乎停滞，汴水的堤坝已经久久没有修饬，靖康之乱后，汴河上流出现了许多决口之处，大的口子有百步之宽。以至于“塞久不合，干涸月余，纲运不通，南京及京师皆乏粮”（《宋史·河渠志四·汴河下》）。元世祖定都大都时，汴河早已残败不堪，亟须疏浚修补。由此，如何充分利用原有大运河，将其截弯取直，改为从淮北直接穿过山东再达大都，成为元朝廷漕运的当务之急。

这一重任落在了郭守敬肩上。元至元十二年（1275 年），元军在挥师南下进攻南宋时，朝廷命郭守敬在河北、山东一带寻找可通航的河道。《元史·郭守敬传》载，郭守敬从陵州（今山东济宁）到大名（今河北大名东南），又从济州（今山东济宁）至沛县（今江苏沛县），南至吕梁（今江苏徐州东 28 千米废黄河北），又自东平至纲城，又自东平清河（今山东东平西北，黄河之南）逾旧黄河至御河，自卫州（今河南辉县）御河至东平，自东平西南水泊至御河，广泛考察，得出汶水、泗水与御河相通的形势，绘制出了设计图纸。郭守敬在华北地区深入考察后，初步规划出了大运河“截弯取直”的方案，就是将隋代运河裁弯取直，北端自大都起至通州保留永济渠河北段，后进入山东德州，再南下聊城、临清、济宁，进入永济渠、山阳渎，经扬州越过长江与江南运河连通，直达运河最南端的杭州。这一规划路线深受元世祖认可，至元十八年（1281 年）十二月忽必烈下令修建济州(今济宁市)至须城（今东平）安山镇的济州河，翌年十二月完工，全长约 75 千米。

此后，至元二十六年（1289 年），凿通郭守敬早就勘察规划好的会通河。济州河、会通河（明代重浚会通河后，将此二河段统称为会通河）的开通使山东运河水系初具规模，大运河不再取道河南，而从江南取道山东、河北直奔京师，这也真正奠定了全长 1794 千米的京杭大运河规制和基础。

1289 年从东平到临清的会通河竣工，大运河实现了“截弯取直”，从根本上改变了淮河以北运河的走向与格局。从北京到杭州一举缩短了 500 多千米的航程。但此时大运河还只是通到通州，没有真正进入北京城。至元二十八年（1291 年），郭守敬任都水监，负责修治大都至通州的运河。这时摆在他面前的第一个难题就是寻找水源。郭守敬在昌平东龙泉山脚下发现一股水量充足、长年不竭的泉水——白浮泉，于是便想把这股泉水作为运河水源，引入大都。他大胆提出建议：“上自昌平县白浮村引神山泉西折而南，过双塔、榆河、一亩、玉泉诸水，经瓮山泊至西水门入都城。”（《元史·河渠志》）

今天我们考查这条郭守敬开凿的引白浮泉水入京水源渠道，就会发现这条 32 千米的蜿蜒水道是十分精密的。

它没有取直线，目的是为了绕过清河与沙河两条地势较低的河流，白浮泉与积水潭的落差仅为 4 米，纵坡降在万分之一左右，在没有现代化测量仪器的元代，能够做到如此周密精确的设计，是令人叹为观止的。严密的地形与水资源勘查后修建的这条引水渠道，为水资源匮乏的北京成功地开辟了新水源，实现了跨河调水。这条引水线路是如此科学，以至于今天的京密引水渠仍基本沿袭了当时设计的路线。

白浮泉充沛的泉水保证了通惠河稳定的水量，使得南来漕船可以经通惠河溯流而上直抵都城。这段河道的沿山区边线依等高线设置，并且设置清水口 12 处；采用河流与渠道平面交叉技术，接纳沿线山泉水源，沿线设置的立体交叉工程也是 12 处，这看似是数字上的巧合，实际也是由水利工程内在规律决定的，以今天的水利科技水平衡量，其设置仍十分合理。通惠河及其水源工程奠定了北京城市引水路线及城市水系的格局，直至今日依然没有改变。

至元二十九年（1292 年），郭守敬引白浮泉水汇入瓮山泊。瓮山泊储水量显著增加，成为北京历史上第一座水库，保障了大都与通惠河的供水。之后他又开凿通惠河，并修建了分段控制水流的 24 座闸坝，以便于行船，确保漕船逆流而上，直达积水潭。

至元三十年（1293 年）通惠河建成后，来自南方的粮船沿运河直抵北京城内的积水潭，实现了中国大运河的第二次大贯通。积水潭成为大运河最北端的漕船终点码头，周边城区也随之空前繁荣起来。

郭守敬的规划随着大运河一起惠及后世，后人也没有忘记他。在他的故乡邢台以及他兴修水利的宁夏、北京等地都建有郭守敬纪念馆。1970 年，国际天文学会将月球上一座环形山命名为“郭守敬环形山”。1977 年 3 月，国际小行星中心将小行星 2012 命名为“郭守敬小行星”。中科院国家天文台也将国家重大科技基础设施 LAMOST 望远镜命名为“郭守敬天文望远镜”。

宋礼、白英：南旺分水枢纽

大运河在进入山东境内时，遇到了另一个通行难题：山东南部多为丘陵多山地形，地形复杂，水源也不比江南丰富，在这种条件下如何能保持通航呢?

这就涉及这一段运河也就是济州河的线路设计。济州河的贯通依然与郭守敬有关。他实地考察后，决定引海拔较高的汶水入运河，从而实现了大运河在整个河段海拔最高地区的通航。

但是，元代的会通河和济州河均位于山东境内的黄河冲积平原上，地势南北低、中间高，因此河道缺水断流就难以避免。济宁南旺是大运河全线海拔最高的点，向南至徐州段黄河运口，向北至临清卫河运口，高差近 20 米，极易造成运河缺水、漕运阻滞。一旦缺水断流，就只能通过陆路转运、车拉人挑，费时费力，严重影响了漕运的效率。

到了明代永乐九年（1411 年），工部尚书宋礼（1359—1422 年）奉旨疏浚河道，运河的水太浅，行不了船，无法保证运输，宋礼为此一筹莫展。相传宋礼为解决难题而沿着汶河私访，在汶上县白家店村遇到民间水利专家白英老人。正如许多古典文学中的隐士高人一样，这位汶上老人白英是一位精通地理水势的饱学之士，他博学多才，不求闻达。老人根据自己十多年观察汶上、东平、宁阳、兖州、泰安等地地形水势的经验，提出在戴村附近拦汶河筑坝，再挖一条输水渠将水引到南旺入京杭运河。南旺地形较高，可作为南北分流的水脊。

宋礼根据白英老人的提议，利用大汶河上的坎河口地势高于南旺这一条件，在坎河口率三万余人修建戴村坝，引汶水至南旺。开始开挖小汶河引汶水至南旺汶、运交汇处的分水口，入大运河后南北分流，保证运河有足够的水源。同时，为有效调节运河水量，疏浚“三湖”作“水柜”，并建闸坝、斗门等水工设施，根据运河水的枯涨而进行调节，以保证运河安全通畅。由此，南旺成为运河南北分水之咽喉，并在分水口南岸陆续修建了以分水龙王庙为代表的建筑群。

南旺分水口最初并不完善，只是简单的一个河口，汶河水从东而来，直冲运河西岸，随后再南北分流。至于分水比例，则由河道情况及风浪、流量、流速等复杂因素决定，并不能人工干预。明代成化十七年（1481 年），也就是宋礼开分水口整整 70 年后，人们根据多年来的水文观测经验，又修建了南旺南北闸。南旺的南闸叫柳林闸，又称南旺上闸，北闸叫十里闸，又称南旺下闸。这两个闸口的设计是建立在多年观测的基础上，两闸联合运行，实现了对南北分水量的控制，相传是南流三成、北流七成，民间流传的俗语“七分朝天子，三分下江南”也是由此而来。后来清代道光、光绪年间又根据济运需要，续建了灰土坝和窦公堤，三坝与小汶河、南旺的分水工程，组成了完整的引汶水济运枢纽工程。

这样，随着南旺枢纽工程的建成，大汶河水被戴村坝拦截，沿着小汶河向南蜿蜒而下，在南旺分水口汇入运河，直冲分水驳岸，沿“水脊”地形南北分流。人们则可以通过开闭南北的柳林闸和十里闸，控制南北水量，实现运河畅通。这其中蕴含的科技水平之高超、实践运用之巧妙，不能不令人称奇、称赞。

在今天看来，南旺分水枢纽工程仍然是大运河上最具技术价值的节点。它通过一系列疏河济运、挖泉集流、泄涨保运以及增闸节流等结构缜密的配套工程，科学地解决了引水、分流、蓄水等复杂的技术问题，有效保证了大运河连续500余年畅通无阻；其规划思想、水工技术和建造水平充分展现了中国古代水利工程的独特创造和精湛技艺，堪称世界水利史上的杰作。这里的河道、闸坝等水利工程遗产和分水龙王庙古建筑群共同构成了南旺分水枢纽遗产。其中，戴村坝现存情况较好，具有较高的完整性，其设计之巧妙、造型之美观，堪与都江堰媲美，因此素有“江南都江堰，江北戴村坝”之说。在漕运断绝后戴村坝继续发挥固定河槽、拦沙缓洪及引水灌溉等重要作用，是研究中国水利建筑珍贵的实物资料。戴村坝还成为山东省东平县的一处胜景——“戴坝虎啸”。每到汛期，洪水漫坝，白浪翻滚，声若虎啸，数里之外可闻，因而得名。

在中国大运河申遗进入实质性操作阶段之后，我就一直很关注南旺水利枢纽的许多文化遗产保护问题。2010年7月济宁方面召集了一个专门的会议，我也做了发言。南旺分水枢纽工程遗址保护对于大运河有着非常重要的意义。保护好这个遗址，不仅有利于提高文化遗产保护工作水平，而且对于地方经济、社会的可持续协调发展，造福地方百姓、改善人民生活都将产生积极的促进作用。地方政府应该给予充分地重视，我在发言里提出，山东省、济宁市及汶上县各级政府应将此项工作纳入政府工作计划，纳入国民经济和社会发展计划，纳入城乡发展规划，纳入财政预算，在政策、制度、经费和人员上给予充足的保证。要进一步完善济宁市及汶上县成立的大运河保护和申遗工作领导小组机制，组织文物、水利、交通、规划、建设、财政等各有关单位参与领导小组，加强领导，明确工作职责；在此基础上，进一步落实专门的办事机构，建立高效运转的工作机制，保证各项措施的落实到位。

南旺的环境整治任务十分繁重，我们在当地看到南旺戴村坝分水枢纽工程范围内的环境情况不尽如人意，一些河道污水横流、垃圾堆砌，被农田、植被甚至民居占压，古运河的历史风貌难以显现。我们看了也很着急，希望到 2010 年国际专家考察时，济宁大运河的环境能够满足申报世界遗产的要求。我们也建议将运河遗产的保护与当地民众生活的改善结合起来，在恢复古运河历史风貌的同时，改善民众生活环境，提高民众生活水平，使运河保护真正地惠及民众。如果利用南旺枢纽工程建设考古遗址公园，它应该不是一座“无人公园”，而是当地民众与水利工程、与大运河和谐相处的美丽公园。

此外，我还建议地方政府加强保护规划的编制和实施工作。事实上，大运河遗产济宁市级保护规划已于 2009 年年底由济宁市政府颁布实施，山东省省段保护规划当时也正在编制中，当年，国家文物局安排资金用于南旺分水枢纽遗址保护规划的编制工作。这一规划非常重要，要在前期规划工作的基础上，深入分析和评估南旺遗址的价值和现状，统筹考虑南旺分水枢纽遗址的本体保护、环境整治、遗址展示和合理利用等问题，提出具有前瞻性和规划性的解决方案。地方政府也广泛地征求了各方面专家意见，进一步开展深入细致的研究工作，切实落实南旺枢纽工程大遗址的保护工作，做好南旺分水枢纽考古遗址公园建设。

此后，南旺分水枢纽被确立为国家遗址公园，地方政府也开始一步步地推进保护开发工作，南旺分水龙王庙等遗址点的知名度也越来越高。这是我们非常乐于见到的。

潘季驯、靳辅：清口枢纽

大运河是人工河流，它与自然水系的关系处处体现着千百年来中国人的智慧。自然形成的河流有各自不同的水文特征，而大运河则体现出兼收并蓄、为我所用的品性。这种品性在淮安的清口枢纽工程中体现得淋漓尽致。

清口枢纽工程是京杭大运河的中枢，运河沿线的战略要冲以及漕运的咽喉，它不仅有 17 世纪前世界规模最大的砌石坝，而且其完善的工程体系集中了中国传统水利中主要的水（河）工建筑结构形式，代表了农业文明时期水利工程设计和坝工建设的最高水平，是工程规模最大、运用时间最长的水利枢纽工程。

清口最初是指泗水汇入淮河的入口，泗水水质清澈而淮河相对浑浊，清水入浊水之口，谓之“清口”。后来黄河改道，夺泗水河道而抵达淮河，两股水汇合，仍然是一清一浊，不过此时是淮清而黄浊，

“清口”的含义发生变化。明代万历以后，“清口”更是明确专指洪泽湖（淮河）入黄河口门，有时也指运河口或泛指黄、淮、运交叉河口区域。从“清口”含义的多变可见此处水文条件的复杂，而这个水利枢纽工程就是在如此复杂多变的客观条件中，因势利导，成为大运河上的工程典范的。

南宋建炎二年（1128 年）黄河夺泗入淮，黄河、淮河、运河交汇于淮安清口一带，黄河淮安至徐州段成为运河的一段，黄河含沙量较高，治理本已复杂，加之经常自上游决口北徙，该段运道又经常面临水源匮乏的问题，巨量泥沙的不断沉积阻碍运道，也极大地干扰了运河的畅通。自 16 世纪开始，明、清朝廷耗费了大量人力、物力和财力，兴建起与黄河泥沙抗衡的清口枢纽工程，形成世界上迄今为止最复杂的工程体系之一。

从北方流来的黄河不仅泥沙多，而且季节性水量变化大，因此经常会倒灌、淤垫淮河和运河。虽然淮河水清而丰富，可以“敌黄刷沙”，但是淮河水一旦过盛，又会威胁到运河大堤的安全。在这种微妙多变的条件下，运河需要在保证自身安全的前提下，调节黄河和淮河的平衡。“治河、导淮、济运、保漕”一样也不可少，而“束水攻沙”“蓄清刷黄”和“避黄引淮”则成为明清两代历任河臣总结出来的治理此处水患的办法，也成为他们的工作重心。水利工程是经过一代一代的人去建设的，清口的枢纽在明万历年间雏形稍具，至清代康熙、乾隆年间逐渐成熟完善。

16 世纪后期，在潘季驯（1521—1595 年）主持下，河南郑州段以下至入海口的黄河两岸堤防建设逐渐完成。潘季驯的“束水攻沙”规划思想在徐州至淮安交汇的清口间防洪工程建设和洪水调度中得以实现。淮河水含沙量低，称之为清；黄河水含沙量高，称之为黄。随着黄河河床的淤积抬升，淮河汇入黄河并与黄河合流入海愈加困难。潘季驯通过加高高家堰堤防，抬高淮河入黄水位，形成洪泽湖水库（此为“蓄清”）；逼使淮河清水出清口，使黄河由金、元以来多支漫流入淮的局面变为独流入海，提高河水对黄河入海水道的冲刷能力，是为“刷黄”。清口枢纽工程在处置运河与黄河关系时，为尽量实现“用黄之力、避黄之害”所采取的方略与措施体现了先进的水平。

康熙十六年（1677 年），河道总督靳辅（1633—1692 年）再次提到了“束水攻沙”的方法，他向康熙帝连上八道奏折，综合阐述自己的治河规划。这八道奏折被称为“治河八疏”，他在其中详述了自己的治河依据，其中心道理仍然是泥沙的淤积与水流速度有关。像他的前辈们一样，他认为只要提高了水的流速，一切问题便迎刃而解。此后靳辅在治河工程中修建了束水坝（有缕堤、遥堤、月堤、隔堤等）用来约束黄河水流，提高水流速度。靳辅又沿用潘季驯的“蓄清刷黄”策略，借抵住洪泽湖湖水的高家堰大堤加强水力，“刷黄”入海。然而，“蓄清刷黄”的前提是要不断加筑高家堰大堤，而且在淮河与黄河水一强一弱的水情下可奏效。若遇上两河一起发水以及泥沙沉积、水利设施老化，洪泽湖周边就难免会有水灾。

康熙三十八年（1699 年），康熙皇帝在高家堰一带亲自测量洪泽湖水位后，指示洪泽湖水位低于黄河水位，势必会造成黄水倒灌。为此康熙帝提出筑坝与深挖河身并行的总设想，他的这种思路被乾隆皇帝评为“俾避清口倒灌之患，实釜底抽薪之良策”。筑坝与深挖河身二者中的关键还是要清理淮河淤积，从而降低淮河河床高度，保证运河顺利汇入淮河。

事实上，在潘季驯行之有效的治河思想指导下，治河官员们用力最多的正是不断加筑高家堰大堤，只有大堤不断加固增高，才能保证“湖东”（今江苏境内）免受洪水袭击。乾隆七年（1742 年）六月，洪灾、暴雨导致水势暴涨，湖东、湖西(今安徽境内)均成一片汪洋。高筑的大堤成为上下游民众争议的焦点。但为了维护运道，洪泽湖畔的堤坝只能加筑而不能降低，更不能开闸。在这样的背景下，高家堰大堤也就越筑越高、越筑越长，从码头镇、武家墩一直延伸到洪泽湖蒋坝。

这条全长超过 60 千米的大堤也叫洪泽湖大堤，由条石砌筑而成。条石间缝隙严密，凿有凹槽，并用铁锔连接在一起。铁锔有铭文，例如道光四年（1824 年）林则徐负责修筑的大堤镶嵌的铁锔就铸有“林工”两字。用大铁锔将石头锔在一起，使得整个堤坝真正地坚如磐石，因为有工程追溯制度，如发生溃堤，根据铁锔则可见出是谁任期内的责任。清政府为清口水利枢纽修筑而建的闸、坝、堤、堰、转水墩等，在种类和数量上可谓空前，在大运河沿线上也是最具有科技价值的水利节点之一。高家堰大堤（洪泽湖大堤）因其筑堤成库规划和直立条式防浪墙坝工程技术代表了当时世界的最高水平，而被誉为“水上长城”。

清口水利枢纽工程历时久远、规模宏大、结构复杂，历史上包罗了黄河、淮河、运河与洪泽湖三河一湖四大水体的调控。古代的水利工程、材料应用等方面的水平在这里得到了充分展示，这里也是中国古代水利工程最密集的区域，被誉为“中国古代水工博物馆”。

大运河是人类千百年来克服自然不利因素，以人力引导水力，为生活服务的典范。在大运河上的伟大工程不胜枚举，因为济宁以南的运河今天仍在运行，所以运河与智者的故事仍然在不断上演。

淮河入海水道在淮安枢纽增加的主要工程有入海水道穿京杭大运河立交地涵，这个地涵东西长与南北宽均超过 100 米，采用钢筋混凝土上槽下洞立体结构。下面的涵洞可以用来泄洪，上面的水槽可用来航运，既维持了京杭大运河的航运，又同时满足了入海水道的泄洪，堪称“亚洲第一水上立交”。这是利用现代科技对水文条件如此复杂的地区进行的一次重要改造，它的投入使用对淮河流域下游防洪减灾有着巨大的作用。这项工程于 2000 年开工，2003 年竣工。当我们在这里看到两条河流在不同的平面上交错运行时，会感受到河流的奔腾不息，也会感叹人类与河流并肩行走时那永不停息的脚步。

至今千里赖通波

大运河是人类农业文明时代人工运河工程的杰出典范。中国大运河是地质、水文、水利、土木等与运河相关技术整体的集中体现，可以说展现了人类在农业文明阶段修建和维护人工运河所能达到的最高技术水平。

河道工程、枢纽工程和关键工程区段都是大运河工程技术的重要节点，具有极高的技术价值，代表了当时世界上最先进的工程设计水平。例如北京人工河湖水系水源工程、通惠河与会通河的梯级船闸工程、汶上南旺运河越岭的分水枢纽工程、淮安清口运河渡黄的运口枢纽工程、淮安高家堰“蓄清刷黄”的大坝关键工程、苏北宿迁淮安段“束水攻沙”“治黄保运”的堤防系统工程、沿太湖的塘路工程等，均是按照不同地点、不同针对性、不同需求，集成了规划、设计、施工、更新、改造、材料、工艺、方法等诸多技术要素而完成的。

大运河是众多在世界历史上具有重大意义的突出事件的直接发生地，大运河与郭守敬、潘季驯等中国古代杰出科学家、水利专家的思想和理念密切联系，与沿线众多民间信仰有直接的关联，也是大量在中国乃至世界文学史、艺术史具有突出价值的文学、艺术作品创作的对象和沿线船工号子、民歌等民间艺术形式的土壤。

中国大运河是适应社会和自然变化而不断进行更新改造的动态性工程，是一条不断新生、不断发展演进的运河。2000 多年以来，人们几乎从来没有停止过“修河”，也从来没有停止过使用。水系在变，河道在变，水情在变、水工设施在变，治水理念在变，治水方略在变，管理机构在变，运行机制也在变。运河的动态性是自然水系变迁的结果，是灾害预防和应激反应的结果，是技术、材料更新的结果，是人与自然共同作用、持续演进的结果。

大运河的长度随着新修河段地的出现在变长，大运河的宽度随着造船材料和技术的进步在加宽，大运河的闸坝河工也都在不断变换着“身段”；大运河的故事随着社会生活的改变、河道变迁和文化传播方式的改变而丰富，大运河边村镇和城市的建造、繁荣、衰落、更新无不与大运河的命运息息相关；大运河的作用随着社会的发展在不断增加，从最初的运输物资、运送南来北往的各色旅人到输水、灌溉、防洪，大运河一直都是中国大地上最重要的有生命的文化遗产，供人们永续利用。

大运河小百科：智者小传

沈括

中国北宋官员、科学家、文学家。字存中，钱塘（今浙江杭州）人。沈括资质聪颖，勤于思考，注重实学，是位以博学著称的科学家。他一生著述甚丰，但大多散佚。集其毕生研究精华的是著名的《梦溪笔谈》。

沈括主要成就如下：①天文历法。改进立法，编制并主张使用与农业关系密切的《十二气历》，即“十二气为一年”，以立春为一年之始，类似今天的太阳历；改进和重新设计浑仪、浮漏和景（影）表等天文仪器，使观测天体位置、时间与日影的精度得到提高；设计“窥管”，用其观察极星，正确提出北极不在天极，而是离天极“三度有余”；发现了月亮本身不发光，并通过实验方法演示月亮的盈亏现象；发现太阳视运动有快有慢，并指出冬至日、夏至日等时差现象。②数学。创立了求解垛积（一个高阶等差级数问题）的正确公式；推导得出一个计算弓形面积的近似公式，为后人研究奠定基础。③物理学。磁学上，发现磁偏角现象，较西欧哥伦布发现这一现象早400余年。光学上，通过实验指出物在凹面镜的焦点之内得正像，在焦点上不成像，焦点之外则得倒像。声学上，通过共振实验证明弦线的基音和泛音的共振关系，这个实验比欧洲人早几个世纪。④地学。最先创用“石油”这个名称，并说“此物后必大行于世”；根据亲身观察，认为潮汐是随月亮的运行而变化的；在地质、制图、天气预报等方面均有研究。此外，沈括在农学、生物学、医药、工程技术、文学等领域均有造诣。

郭守敬

中国元代天文学家、数学家、水利专家和仪器制造家。字若思。顺德邢台（今属河北）人。郭守敬采取理论与实践相结合的科学态度，在天文、数学、水利等领域取得许多重要成就。包括天文仪器创制、天体测量、回归年长度推算、《授时历》的编制等。晚年致力于河工水利，兼任都水监。至元二十八至三十年（1291—1293年），他提出并完成了自大都到通州的运河，即通惠河工程。至元三十一年（1294年），郭守敬升任昭文馆大学士兼知太史院事。此后，他在计时仪器的制造方面又连创佳绩，制成大明殿灯漏、柜香漏、屏风香漏、行漏等。

宋礼

中国明代重开会通河（京杭运河山东济宁至临清段）的主管官员。字大本，河南永宁人。永乐二年（1404年）任工部尚书，九年

（1411 年）奉命重浚会通河。洪武二十四年（1391 年）黄河北流淤断会通河。为将漕运改为运河，以代替海运和陆运，宋礼发动军民 30 万人动工，共用 100 天，于当年六月完工，使运河成为南北交通要道。他采用汶上老人白英的建议，建戴村坝引汶水至运河最高处的南旺，向南北分水入运河，成功解决了运河水源问题，保证了京杭运河航运的畅通，后世人们在南旺设祠堂纪念他。

潘季驯

中国明代治河专家。字时良，号印川，浙江乌程（今湖州）人。在嘉靖至万历年间，曾 4 次任总理河道，主持治理黄河、运河，在理论和实践上都有重要贡献。

潘季驯总结前人经验，逐步形成“以河治河，以水攻沙”的治理方略，改变了历代在治黄中只重治水、不重治沙的片面倾向。他的主要贡献是：①注意黄河水文特征，利用水沙规律刷深河槽，把治沙提到治黄方略的高度，实现了治理思想的重要转变。②提出并实践了解决黄河泥沙问题的三条措施，即束水攻沙、蓄清刷黄、淤滩固堤。③系统总结、完善了堤防修守的一整套制度和措施。潘氏的代表著作《河防一览》成书于万历十八年（1590 年），共 14 卷。此书被《四库全书》收录。

收藏于国家博物馆的《河防一览图》由潘季驯组织同僚绘于万历十八年。全卷纵 45 厘米、横 2008 厘米。此图详细反映了万历十六年至万历十八年（1588—1590 年）三省直（即河南、山东、南直隶）所修筑堤防的情况。此图对历年河患、地势、险情及河防须注意的问题均有详细的说明。

伍

飞阁流丹

前面介绍过，运河方便了木材、石料、砖瓦等的运输，这就使得大规模的建设变得更加普遍。与此同时，运河还带来了文化的交流与人才的流动，运河沿岸的建筑也因此具备了独有的特征。许多历史上留存下来的署衙、会馆、园林等建筑都记录下了一段特别的运河光阴。在这一章，我们来看看运河沿岸的特色建筑以及这些建筑里曾经发生过的故事。

苏州：山塘街

苏州是运河上的大都市。它在明清年间的繁盛，是与大运河相互成就的结果。今天我们仍然可以看到一幅传世名画《盛世滋生图》，又名《姑苏繁华图》，是清代宫廷画家徐扬用24年创作的描绘苏州风物的巨制。《盛世滋生图》的画面自苏州西南的灵岩山起，由山下的木渎镇东行，过横山，渡石湖，入姑苏郡城。再自葑、盘、胥三门出阊门外，转入山塘街，至虎丘山止。它全长1225厘米，宽35.8厘米，比《清明上河图》还长一倍多。

在画中，画笔所至，连绵数十里内的水乡田园、村镇城池和湖光山色都得到了充分表现，全景式的展示令当时苏州城的社会风情跃然纸上。有人做过统计，这幅《盛世滋生图》中有各色人物12 000余人，建筑2140余栋，桥梁50余座，船只400余只，商号招牌200余块，完整而形象地展示了18世纪中叶苏州风景秀丽、物产富饶、百业兴旺、人文荟萃的繁盛景象，具有很高的艺术鉴赏价值。

通常，人们在解读这幅长卷时会说它由乡入城，重点描绘了“一村、一镇、一街”的景物。这其中，一村指的山前村，一镇指的是苏州城，一街便是山塘街。

在《红楼梦》第一回中，有这样一段话：“当日地陷东南，这东南一隅有处曰姑苏，有城曰阊门者，最是红尘中一二等富贵风流之地。这阊门外有个十里街，街内有个仁清巷……”书中所说的十里街正是指山塘街。

《盛世滋生图》和《红楼梦》里出现的山塘街，是一条历史悠久的古街。唐代诗人白居易在苏州任刺史期间，即唐宝历元年（825年）初到宝历二年（826年）仲秋，在吴中主持开凿了山塘河以解决苏州古城西北面的水陆交通及水旱灾害问题，并在这里修筑了一条长堤，后世称为“白公堤”。苏州与杭州都有“白公堤”，俱为白居易在当地为政时所筑。与杭州的白堤不同的是，苏州的这道白公堤很早就成了一条商业街——山塘街，即山塘河北沿河修建的道路。

山塘街涵盖了山塘街和山塘河，格局为“水陆并行，河街相邻”。从陆路上看，山塘街上会馆、公所、名人故居、寺庙、祠堂、牌坊鳞次栉比，店铺林立，百业兴旺，市井熙攘。从水路上看，山塘河蜿蜒前行，水面幽深宁静，民居临水，参差错落，富有情致。

山塘街位于苏州古城阊门外西北，东起阊胥路北首，西到虎丘西南麓，呈东西偏北走向。因其全长约3600米（约合7华里），有“七里山塘到虎丘”的说法。明代名臣、直隶长州（今江苏苏州）人吴宽有《赠释子芳草堂》诗云：“出吴阊门走山塘，山塘北去七里长。平郊崛起虎丘寺，云树一簇攒青苍。”

苏州城的繁华是由运河贸易带来的，当时商贾云集于此，在山塘街的星桥两侧修建了一大批商人会馆。会馆是中国古代特有的一种建筑，也代表着一种特别的文化。在中国历史上，会馆在政治、经济、文化等各个方面发挥着独特的作用。清代末期，北京以地域为纽带的各地会馆有 400 余所，形成了大片的会馆区。

在山塘街建造会馆，始于明代中期而盛于嘉靖、万历年间，但现今存留的会馆以建于清代中期的为最多。据记载，山塘街会馆鼎盛时期曾达 40 多座，至今还有一条支巷就叫“会馆弄”。

山塘街现存会馆遗存中，山塘街 552 号的山东会馆较有代表性。山东会馆是由清代顺治年间胶东半岛一带的客商所建，因此又名齐东会馆。会馆在咸丰十年（1860 年）的战乱中被毁，现仅存会馆大门两侧门墙、厅房、碑刻等。从现存建筑可见其规制精工，门墙高大精致，飞檐翘角，通体水磨细砖贴面，瓦檐下饰有造型繁复的成排砖雕斗拱，间以花卉纹垫拱板，雕镂精美。

山塘街 508 号的陕西会馆也曾是较大规模的会馆建筑，又称全秦会馆、陕甘会馆、雍秦会馆和雍凉公墅。建于乾隆二十年至二十六年（1755—1761 年）。原有楼阁园林及砖雕、照壁、石狮、踏步、码头等，现仅存偏殿三间，另有明代青石覆盆式大殿柱础四只。会馆牌楼门上也是砖雕精美，檐下饰斗拱，深沉厚重中时见秀雅。陕西会馆所在的这段山塘街，水面较窄，两岸民居临水栉比，具有典型的枕河而居的水乡特色。

除了众多会馆，山塘街上还有许多名人故居。至通贵桥过山塘河向西，有明代嘉靖年间内阁大学士吴一鹏的故居，其主厅玉涵堂，取“君子比德于玉”（《礼记·聘义》）之义，俗称“阁老厅”，始建于明嘉靖十年（1531 年），是苏州城外至今保存的唯一明代建筑。整座故居高大宽敞，厅、堂、楼、阁、斋、轩齐全，修葺后呈四路五进。除主厅玉涵堂为明代遗构，其余都是清代及民国时期建筑。

刊刻于清道光二十二年（1842 年）的《桐桥倚棹录》是一本专门记载山塘风物的地方小志，前八卷记述山塘一带的山水、名胜、寺院、祠宇、冢墓、塔院、牌坊、义局、会馆、堤塘、场弄、第宅、园墅等，仿方志体例，多摘抄荟萃，颇为详备。后四卷则记述市廛、舟楫、物产等，可见当地风物之繁盛。据 2009 年版《金阊年鉴》统计，山塘街有国家级、省级、市级文保单位 11 处，市级控保建筑 16 处，古牌坊 9 处，其他古迹 40 余处，优秀历史建筑众多。

此外，山塘街的桥也是可与杭州苏堤相提并论的。与苏堤的 6 座石拱桥不同，这里既有拱桥形，也有平直古雅的梁桥，单孔桥、双孔桥、三孔桥，造型多变。至今横卧在古老山塘河上的桥尚有山塘桥、通贵桥、星桥、彩云桥、普济桥、望山桥、西山庙桥；建在纵向古朴山塘河上的桥有白姆桥、毛家桥、桐桥、白公桥、青山桥、绿水桥、斟酌桥、万点桥，正好是“横七竖八”。而 1927 年建造的新民桥既横跨山塘街，又横跨山塘河，堪称是苏州早期的水陆两栖立交桥。

因明代张溥的《五人墓碑记》曾入选中学语文教材，姑苏五义士的故事流传甚广，所以五人墓碑的知名度也极高。五人墓就位于山塘街青山桥东，墓内安息的是在明代抗暴斗争中为保护群众而挺身投案的颜佩韦、杨念如、周文元、沈扬、马杰五义士。

历史长河中，山塘街也多次遭受兵焚，又于废墟中复兴。南宋建炎四年（1130 年）春，金兵攻陷苏州，兵火所及，山塘街一片凋零；元末张士诚割据苏州，覆亡前夕在虎丘一带修筑土城，与明军徐达和常遇春部决战，山塘街又元气大伤，明中期后才开始复苏。清咸丰十年（1860 年），太平军进攻苏州，溃败的清军马德昭部放火焚烧了阊门外的集市和民居，“山塘、南浩一带尽成焦土”（吴大澂《吴清卿太史日记》）。此后，随着运河漕运式微，山塘街从民国初年开始逐渐丧失了商贸中心的地位。

21 世纪以来，山塘街进行了多次保护性修复，如今的山塘街又依稀出现了往日的气象。

聊城：山陕会馆

京杭大运河凿通之后，山东境内也兴起了几座运河城市，较具代表性的有济宁、德州、临清、聊城等。这其中，德州是抵达北京的水陆要冲，被誉“九达天衢”；临清地处卫河与汶河交汇处，运河上设立的七大钞关中，临清居于首位；济宁是“运河之都”，这是因为元、明、清三代均把治理运河的最高行政机构设在济宁；聊城也是一座因运河而兴的城市，在这座城市中处处可见运河的遗迹。其中最著名的要属山陕会馆，它是山东省内唯一一座保存完好的商业会馆。

顾名思义，聊城山陕会馆是清代山西、陕西商人集资合建的，是聊城商业繁荣的缩影和见证。会馆位于聊城市城区的南部、运河西岸，俗称关帝庙，是供奉武圣关羽的神庙与商业会馆相互结合的古代建筑群。会馆始建于清乾隆八年（1743 年），至嘉庆十四年（1809 年）达到了今天的规模。而事实上，在运河航运繁盛的年代，聊城光是有名的会馆就有 8 处，简称“八大会馆”。有文字可考和碑碣记载的会馆共有 6 处，即太汾公所、山陕会馆、苏州会馆、江西会馆、赣江会馆和武林会馆。除山陕会馆现保存完整外，其余均已无存。在中国现存的会馆中，聊城山陕会馆的建筑雕刻和绘画艺术为国内罕见。

山陕会馆面河而立，坐东朝西，与传统中国园林、院落坐南朝北完全不一样。沿河而建的会馆从一开始就显示出与寻常院落的不同之处，迎合了“水聚财，紫气东来”之意。会馆南北宽 34 米，东西进深 77 米，有三进院落，主要由山门、戏楼、南北夹楼、钟鼓楼、南北看楼、南北碑亭、大殿、南北配殿、春秋阁等建筑组成。整组建筑呈东低西高之势，最西部春秋阁最高。南北两侧各建两座看楼，各呈环形护卫正殿，殿前的戏楼装饰华丽，与正殿遥相呼应。山门前的大运河由南至北湍湍而过，加之北侧胭脂湖支流环绕汇聚于会馆门前，使会馆三面环水。会馆整体布局呈“凸”形，山门把整组建筑统一于中轴线上，同时整组建筑巧妙借用地形和水流，形成了完整的空间格局。

山陕会馆从开始到建成共历时 66 年，耗银 6 万两，其不惜工本、精益求精可见一斑。山陕会馆的各类雕刻非常有名，例如会馆大殿前面的两座狮子是专门从山西汾阳请来匠人精心雕琢而成，耗资达 600 多两白银。会馆中以木雕最为丰富，梁柱、天棚、额枋、门窗、檐角等部位随处可见繁复生动的木雕画面。这些木雕作品展现的主题多为传统文化中常见的具有喜庆祥瑞寓意的人、事、物，如龙凤呈祥、松鹤延年等。也有一些表现神话、寓言、戏曲等方面的内容场景，如八仙过海、行孝图等。木雕的种类繁多，雕刻技法多样、线条流畅，构图饱满充实、均衡平稳，呈现出层层叠叠的姿态。

山陕会馆是山西、陕西商人聚会议事、联络乡谊的场所，山西人信奉关羽，不仅是因为关羽为山西人氏，更因为关公所代表的忠义仁勇是那个时代的商人所推崇的。在山陕会馆的山门两侧，有这样一副楹联：

本是豪杰作为，只此心无愧圣贤，洵足配东国夫子；

何必仙佛功德，惟其气充塞天地，早已成西方圣人。

这个对联的上联是说关羽的豪杰作为，已经可与东国夫子（孔子）相比；下联则说关羽的浩然正气也可与佛陀（西方圣人）相比了。从中可以看出“忠义”二字在商帮中的影响力。一直到今天，许多民间的商业场所仍然喜欢供奉关羽。关羽形象在海外华人中也备受崇奉，这与当年的会馆文化应该也有一定的关系。

但山陕会馆中的楹联也有充分表达商人心臆的，比如大殿外柱上的一幅：

非必杀身成仁，问我辈谁全节义；

漫说通经致用，笑书生空读春秋。

在中国传统文化中，“水”主“财”，对大运河上做生意的商人来说，这可不仅仅是一句话，而是实实在在的现实。山陕会馆的主人们显然更懂得这个道理，建在运河岸边的会馆，当然要赞美河神、财神：

位津要而掌财源，万里腰缠毕至；

感财神似成砥柱，千秋宝载无虞。

又如：

德兆阜财，萃万国物华天宝；

行以利涉，庆一时海晏河清。

山陕会馆作为北方运河会馆的典型建筑，其文化含量十分丰富，这与聊城在运河上的地位是难以分割的。运河贯穿聊城城区，在明清时代，聊城因运河而兴，达到历史上的空前繁荣。也正是因为运河，聊城这座城市才有了“水韵”，才具有了自己的城市特色。运河留给聊城的是一种厚重的商业文化，并且因此衍生了很多民间文化遗产。

聊城的城池成于宋熙宁三年（1070 年）至明洪武五年（1372 年），一直到明代初期，聊城也仅是一座政治军事重镇。明永乐年间，海运遭禁，运河得以重新疏浚，随着运河的畅通，聊城的经济功能开始得到发展。聊城的东关紧靠运河，是随漕运兴盛发展起来的商贸区。一直到今天，来到东关一带的街巷还是会感觉这里与传统的内陆城市非常不同，这里的街道走势与聊城老城区截然不同，不是正南正北的平直街道，而是随河就坡，大小街衢都和码头、堤岸相通。街道的名称也颇具运河元素：顺河街、越河街、馆驿街、米市街等。

聊城是明清时期运河山东段经过的唯一一座府级政治中心城市，并借运河交通之利迅速繁盛起来。在临清、聊城的辐射下，东昌府所辖州县的经济也得到较快发展，并形成了规模可观的村镇聚落，“由东关溯河而上，李海务、周家店居人陈椽其中，逐时营殖”（明万历《东昌府志》）。到了清乾隆、道光时期，聊城的商业达到鼎盛，聊城不仅成为运河沿岸的九大商埠之一，还享有“江北第一都会”的美誉，并成为全国各地商品周转集散之地。南北商贾云集于此，各地商人为了联络感情、共谋发展，建立了 10 多个地方会馆。

在中国北方，晋商一直是占有优势的商帮，当时沿运河到聊城做生意的山西人也最有实力，他们与陕西人合资建成聊城山陕会馆，也带来了家乡的文化。据研究，著名的聊城东昌府木板年画也与运河移民有关，聊城刻书业发达，其工匠也是从山西一带移居而来。在当时，晋商创办的书业德是清代聊城规模最大的书庄，而东昌府木板年画正是从刻书业中衍生出来的。聊城曾经有几十家木版印书作坊，并且鼎盛一时。木版年画也应时而生，成为地域特色。民间曲艺“山东快书”也是在运河边的地摊上应运而生的。这一切文化形式都是运河文化遗产，而这些文化遗产让聊城具有了独特的文化魅力。

可以说，聊城是一座因运河而兴衰的水城。因为运河，聊城成为一座历史文化名城。运河的开通不仅为聊城带来了经济的繁荣，而且遗下了很多文化遗产。可喜的是，聊城建设了一座运河主题博物馆，这说明聊城非常重视对文化遗产的保护和挖掘。这也启发我们，运河文化遗产保护要从重视单一文化要素保护向同时重视由文化要素和自然要素相互作用而形成的“混合遗产”“文化景观”保护的方向发展；从重视“静态遗产”的保护，向同时重视“动态遗产”和“活态遗产”保护的方向发展；从重视文化遗产“点”“面”保护，向同时重视“大型文化遗产”和“线性文化遗产”保护的方向发展。

济宁：运河总督署衙、荩园

山东济宁至今仍然是京杭大运河的分界点。济宁以南，运河仍在发挥着航运的作用；济宁以北，运河则已经断流，有些昔日的运河城市已经完全不是原来的样子，繁忙的航线仅仅存在于史料和民间记忆中了。

前面讲过，济宁是运河之“脊”，从河道上讲，这里是京杭大运河海拔最高的地方，从元明清三代的水政管理方面看，济宁的行政地位也是最高的。在六百年的时间里，这里都是运河总督署衙所在地。

元明清三代的全国水政皆把运河作为管理重点。元初实现了大运河南北全线贯通，即设立都水监，都水监在地方上设派出机构，即分都水监、行都水监、河道提举司和河防提举司。明代起初沿袭元制，后常派都御史、工部尚书、待郎等专门作为疏浚、开凿、治理河道等的钦差大臣，但并非常设官员，称谓也不尽相同。明成化年间

（1465—1487 年）随着漕、河分治，河道大臣始称总督河道，驻地就在济宁，明末时改为“夏秋驻徐，冬春驻济”。总督河道作为朝廷钦命官员，一般是正二品，但因为没有固定的任期，临时从现有的官员中抽调，所以也有正一品大员担任此职。此后，在行政管理上，既设有专管漕运的“总漕”，也设“总河”负责黄河、运河的疏浚治理。因为运河越来越重要、疏浚的任务越来越繁重，这支运河上的工作队伍越来越庞大，到弘治九年（1496 年），运河上的专业役夫共有 4 万余人，形成了一支庞大的运河管理、修治队伍。清代基本沿袭了明代运河管理机构，并逐渐调整简化，设“河道总督”作为专职官员。顺治初期仅设河道总督一人，也称“总河”，驻济宁州。此后，虽机构经常调整，但济宁一直处于运河管理的重要位置。

在南北大运河各河段中，山东运河开凿较晚，由于地势原因，在行运过程中经常出现各种事故，故京杭大运河开通后，历代治理运河的最高行政机构常设在济宁。所以说济宁不仅是运河地势之“水脊”，也是运河管理的“水脊”。这种设置无疑对于运河的管理、修治非常有利。在封建时代，行政管理机构十分复杂，许多应运而生的衙门对济宁本地的方方面面都产生了诸多影响。根据当地的有关文献记载，济宁素有“七十二衙门”之说。在清代，河道总督衙门在济宁设置的从属机构最初有运河道，掌管运河的疏浚堤防，属官有同知、通判、州同、主簿、巡检等。同知、通判官署为厅，如运河厅。州同以下设讯。山东二道有八厅二十二讯，河南二道所属有八厅二十讯。后又增设管河道。管河道同知以下各官，各掌运河之岁修、抢修及挑浚淤浅等工程，并负责分汛防守。河道总督还有亲自统管的军队——河标，专门负责河工调遣、督护及守讯防险等事务。河标统辖中、左、右三营，驻济宁，此外还陆续设济宁城守营与驻守运河、黄河、淮河、豫河各营。所属各级武官有副将、参将、游击、都司、守备、千总、把总等官。其余的运河机构还包括中央政府派驻的抚按察院、巡漕使院、按察司行台、布政司行台、治水行台等机构。再加上省、道、府、州、县的各级行政机构或由其派驻的机构，元明清三代驻济宁的各类、各级治运、司运以及行政监察机构数量十分庞大。

济宁的许多街道直接以衙署名称命名，并沿用至今，如察院街、院前街、院门口街、院后街、厅西街、州后街、道门口街、县前街、考院街、馆驿街、卫监街、小校场街、马驿桥、鼓手营街、御米仓街、临清卫胡同等。一些主要的治运机构占据了城市的主要位置，影响着街道的格局。总督河院署衙门位于城市中心，城内南北门大街贯通，而东门大街向南倾斜，止于河院署衙前，同时西门大街向北倾斜，止于河院署衙东墙中段，这样就使河院署衙位于 4 条主要大街的交汇中心，而不是偏于一侧。相比之下，济宁州治位置偏西，而且基址要小得多，这就更加凸显了总督河院署的地位之高。另外，河标中军副将署、左营参将署、运河营守备署、运河兵备道署、管河州判署、泉河通判署等治运机构也都位于主要街道旁。

总督河院署衙原为元代都水太监驻节济宁处的旧址。“明永乐九年部尚书宋礼建衙署为总督河道都御史署，明弘治年间尚书陈某、明隆庆御史翁大立重修。原系济宁左卫署，宣德二年调卫临清改置军门”（道光《济宁直隶州志·建制三》）。清代又多次重修衙门，最后形成颇具规模的建筑群。明清两代的很多治运名臣，如宋礼、陈瑄、张国维、朱之锡、靳辅、张鹏翮、林则徐等，均曾在此任职。

总督河院署的建筑已经毁于战乱之中。从现存文献资料看，整组建筑群占地 1.6 万平方米，规模宏大，布局严谨。大门为四楹三门，左右有石狮子一对，两侧各有吹鼓亭一座；左右为东西二坊，东坊上有“砥柱中原”匾额，西坊上有“转漕上国”匾额。正对大门的是一座影壁，高约 6 米，宽约 20 余米，底座为 2 米。大门内为仪门，六楹（三门），之后为正堂六楹，后堂六楹。左右为椽房、茶房。再向后为部院宅。左为“帝咨楼”，后更名为“雅歌楼”“挽洗楼”。又东为“百乐圃”，后更名为“平治山堂”；西为“射圃”。再后有部院后宅。

2019 年夏，济宁城区古槐路上的原任城区公安局正式被拆除。这里将重新建设一个大运河总督署博物馆。按照规划，博物馆项目位于古槐路以西，西门大街以北，西邻云路街，北靠院后街。早在 2010 年，在原济宁一中古槐校区（现运河实验中学）北面的宿舍区，考古人员对历史上的河道总督衙门进行了局部勘探性发掘。济宁河道总督署于光绪二十八年（1902 年）裁撤后被废弃，历时 600 多年，历经 188 任河道总督。至日本侵华时大部分被毁坏，碑刻多数遗失，令人痛惜。相信这个规划中的博物馆会部分地挽回这方面的损失。

大运河对沿线地区的建筑风格有着不同程度的影响，对济宁来说，除了上述河衙建筑外，民间的园林建筑也受到了运河沿线园林风格的影响。明代中叶之后，运河经过两次大规模的疏浚已是通畅无阻，济宁本身又有微山湖等水源，城区内外也有大小不一的河塘十余处，是一座水网密布的典型城市。运河的贯通把济宁零散的水源联络起来，使原本走向散乱的周边水道贯通形成体系，也使得济宁的许多府邸、私宅获得了水源，为营建山水环绕的园林创造了一定的基础。

中国园林的巅峰在江南一带，最有代表性的是苏州园林，运河的畅通推动了济宁城市经济的繁荣，也带来了许多江南籍的官僚和商客。因为济宁有良好的水文条件，这些来自江南的官员和商人也就可以驾轻就熟地建造他们所喜欢的园林。据有关史料统计，明代在济宁为官的江南籍官员就有数十人，其中知府、知州有 19 人，同知有 14 人，州判、通判有 13 人，州学、学正有 6 人，主簿有 3 人。他们的宅邸大都沿承江南民居建筑或直接受其影响，在建筑风格和营造技法上推动了济宁园林的发展。许多济宁当地的人也开始学习江南建筑风格，这便使得当地的园林在北派风格基础上，加入了许多江南园林元素。这种风格的园林在北方城市原本并不多见，但在运河畅通后则有了许多。

济宁现存最具代表性的园林建筑当属荩园。荩园是清代中叶隐居济宁的著名文人画家戴鉴的私宅，初名“椒花村居”，其后人将此宅出售给豪绅李澍，李澍进行了一番改造，易名“荩园”。荩园后来为天主教会所用，1948 年后曾做过济北县政府和山东省精神病康复医院等。荩园的建筑现在仍存有一部分，且风貌依旧，为人们研究清代的北方园林提供了依据。

荩园的格局通透轻灵，假山、方池、小桥、流水极富园林之趣味，其中的六角亭小巧精致，是典型南方样式的园林小品。凉亭翼然水上，斗拱飞檐，也颇有江南园林的风致。园林中的水池为长方形，具有端庄稳重之气，西侧池岸与假山结合砌筑，质朴之中也体现了一定的变化。唐代以来，中国古典园林中常设方形水池，但在明代后期，江南私园中的水景形态大多曲折多变。而在北方园林如北京恭王府花园中，仍可见肃穆规整的方池，由此荩园的方池又显然为典型的北方风格。这一处园林南北风格杂糅，也可见大运河给济宁这座城市带来的不同审美趣味。

大运河济宁段贯穿济宁市全境，流经其辖区内的梁山、汶上、任城区、太白湖新区、鱼台、微山等多个县区，全长200多千米。济宁段是大运河的关键性河段，而济宁城里大运河留下的建筑遗迹也让这座城市多了几分厚重。

淮安：总督漕运公署

淮安总督漕运公署遗址位于江苏省淮安市淮安区城区中心，是明、清两代统管全国漕运事务的漕运总督的官署建筑群。自东晋义熙七年（411 年）设山阳郡至清代末期的 1400 多年中，淮安一直是郡、州、路、府的治所，是苏北地区的政治、经济、文化中心。淮安府辅佐河道总督，对运河管理起辅助作用。淮安府衙大堂为历史建筑，“六科”用房和部分建筑为新建。清晏园是清代河道总督衙署园林，比较完整地保存了早期园林的山水结构和风格，保存了清康、乾、嘉三代皇帝奖赐河道总督的十余通很有价值的御笔碑刻，是淮安市文物保护单位。水利通判厅遗址是运河沿线重要的衙署遗址，反映了运河的航运安全管理制度和机构设置情况，是研究运河管理体制的重要遗址。

明清两代设立专门的漕运和河道机构，管理天下漕运事务，以保证大运河畅通。官制主要包括漕运管理系统和河道治理系统，二者职责分明，有规范的管理制度。漕运总督和河道总督是分别负责漕粮运输和河道治理的最高行政长官，他们与各地方官员一起分工合作，保证了漕运的顺利进行。其中，漕运总督驻淮安，统领漕政，凡收粮起运，过淮抵通，“皆以时稽核催趱，综其政令”（《历代职官表·漕运官制·国朝官制》）；各省粮道监督漕粮的征收和起运；州县官员负责征收漕粮；河道总督和各省督抚负责催趱漕船；漕粮抵京城后，又设专门的官员和机构管理和监督漕粮仓储；具体的漕粮搬运则由数量庞大的运丁来承担。

2002 年 8 月，淮安市淮安区在城市建设中挖掘发现了明清时期的总督漕运部院遗址，在明清遗迹下 3 米处还发现有宋、元代文化层。总督漕运部院是漕运管理的最高机构，整个建筑占地约 3 万平方米，与淮安市淮安区标志性建筑镇淮楼、淮安府衙大堂在同一条中轴线上。

淮安是淮河和大运河的交叉口，既是南北水运枢纽，也是东西交通的桥梁。据《重修山阳县志》载：“凡湖广、江西、浙江、江南之粮船，衔尾而至山阳，经漕督盘查，以次出运河，虽山东、河南粮船不经此地，亦遥禀戒约。故漕政通乎七省，而山阳实属咽喉要地也。”当时，千万艘粮船衔尾而至淮安，由末口入淮北上。粮船卸载之后，再从河下装满盐，运往南方各地。运粮、运盐的船只在淮安汇集，这里便成为漕运、盐运集散地，这样特殊的地理位置在客观上奠定了淮安在漕运史上的独特地位。自从隋代大运河贯通后，淮安就成了漕运要道，唐宋时又因淮北盐业兴起而成为盐运枢纽。因淮安居于大运河中部及黄淮运交汇处，五方杂处，最难治理，因此特设河道总督坐镇于此。淮安自明代首设漕运总督衙门后，一直到清代都是漕运指挥中心、漕船制造中心、漕粮储备中心。

明代初期，朝廷设置京畿都漕运司管理漕政，主领官为漕运使，后被漕运总兵官取代。景泰二年（1451 年）始设漕运总督于淮安，与总兵官共理漕政。明清两代有名的陈瑄、史可法、琦善、穆彰阿、恩铭、杨殿邦等人都先后在这里任过漕运总督之职。漕运总督权力较大，不但管理漕运，而且兼巡抚，因此也称“漕抚”。漕运总督所属卫军称运军，约有 12.7 万余人；此外，漕运总督另辖遮洋军 7000 人。

总督漕运部院的官署位于旧淮安府城中心，规模宏大，保存完好。官署占地 50 多亩，南北长 336 米，东西宽 100 米，内有各类房舍 213 间，“重臣经理”“总共上国”“专制中原”的牌坊 3 座。布局严谨，左右对称，分为东、中、西三路。中轴线上分设大门、二门、大堂、二堂、大观堂等，其中以大堂、二堂为主体，大观楼为制高点，序列清晰错落。东路南部为书吏办公房、水土祠等合院式建筑组群，北侧有东林书屋、正值堂及一览亭等。西侧为休憩之处，有百录堂、师竹斋、来鹤轩等合院式建筑。大门前有照壁，东西两侧各有一座牌坊。至今我们仍能从其规整有序的布局中，感受到当时漕运管理中枢的威严。

可惜的是，以上建筑皆毁于战乱中。如今的漕运总督府是在原有遗址的基础上重新建造而成的。

中国古代漕运制度至明清时期发展成熟并最终衰亡，与此同时也催生了一批漕运沿岸城镇的兴起，并造成其萧条衰落。以淮安为例，漕运的发展、运河水道的变迁给淮安经济带来了空前繁荣，淮关一度成为仅次于苏州浒墅关的内陆关口，但在清代中晚期试行海运后，淮安也就如其他运河城市那样无可避免地步入衰落。

明清两代的1194—1855年间，黄河数次夺淮入海，带来的泥沙侵占和淤塞了淮河原有的入海通道，使得原本成形的淮河水系出现紊乱。1855年黄河在河南省铜瓦厢决口，改道北流至山东，夺大清河入海，导致大运河全线南北断航。所以，淮安以北的京杭大运河自从明代中叶以后，不仅迁缓难行，且时常发生沉船事故。为了保证漕船行驶通畅，清政府下令禁止民间船只在运河上游航行。

清同治元年（1862年），为便于围剿捻军，漕运总督移驻于清江浦原南河总督署，称为总漕行辕。这样，从万历七年（1579年）漕运总督凌云翼迁总督署于此算起，至光绪三十年（1904年）清政府裁撤漕运总督及各省粮道等官，总督署废止，总督漕运部院历经两朝四个世纪，共计325年。光绪三十一年（1905年），原漕运总督署改建为江北陆军学堂，辛亥革命后停办。民国时期，漕运总督署旧址东侧辟为体育场。1943年遭日军飞机轰炸而成废墟，1988年以后发掘重建。

漕运总督衙门大堂遗址现存有33个柱础，并出土了大量实物。在此基础上，这里近年兴建了中国漕运博物馆。

除了上述总督衙门建筑，淮安市还有许多与运河有关的建筑遗存，例如清江浦楼等。清江浦楼建于清雍正七年（1729年），楼为两层，青砖灰瓦，方形。门楣各嵌石匾一块，横刻“清江浦”三字，上款竖写“雍正己酉岁孟秋吉旦”“道光甲申仲秋吉旦”，下首竖写“管理山清里河督捕理事分府夏口重建”“钦加府衔山清里河理事分府张栋口重建”。清江浦楼一直为清江浦的标志，也一直保存完好。2003年，当地政府异地新建的“新清江浦楼”，也已成为当地的一个地标式建筑。此外，淮安历史上也曾存有大量兼具南北园林之特色的园林建筑，这其中，清晏园是最有代表性的。清晏园曾是管理运河事务官员的行馆，兴建于康熙年间，据说乾隆下江南时也曾在这里居住。园林中最有特色的是荷芳书院。它建于乾隆十五年（1750 年），是当时江南河道总督高斌为迎接乾隆皇帝第一次南巡，在园中荷花池北岸所建的行宫。建堂五楹，周遭皆游廊，布奇石名花。之所以称为荷芳书院，一是院子就在荷花池边，二是有“河防”谐音之意。

宁波：三江口会馆

清代中叶，运河经济达到了空前繁荣，以地域为纽带的商帮会馆已经无法满足商品经济的发展需求，行业会馆开始出现。宁波庆安会馆就是其中之一。庆安会馆位于宁波市江东北路 156 号，因地处奉化江、余姚江、甬江汇合的三江口东岸，又称三江口会馆。自古以来，三江口就是一个重要的出海港口。远在唐代时，宁波港口就已经颇具规模，经过宋元各代的发展，到了清代，这里已经成为当时全国著名的对外贸易港。大运河沿岸的物产经由这里走向了世界，同时世界各地的商品也由此进入了中国腹地。借助宁波，大运河有了更为广阔的延伸。三江口不仅助力了大运河的兴盛，同时也在大运河走向衰落时肩负起了漕粮海运的任务。因此，与那些以地域为纽带的会馆不同，出入三江口会馆的全部都是在宁波从事北方船运业务的商人。由于地处浙东运河沿岸，同时又处于海港城市，所以三江口会馆同时具有大运河文化和海上丝路文化的双重特色。

三江口会馆是我国七大会馆之一。它始建于清道光三十年（1850年），落成于咸丰三年（1853年）。占地面积约5000平方米。会馆坐东朝西，建筑的平面设计呈纵长方形，沿用传统的院落和空间围合手法，沿纵轴方向层层推进，层次分明，具有一种深宅大院的纵深感。中轴线上的建筑有照壁、接使亭、宫门、仪门、前戏台、正殿、后戏台、后殿，左右为厢房、耳旁及附属用房等。在建筑立面上，建筑物随着地势逐渐升高，主次分明，烘托出正殿的高大雄伟。

三江口会馆是少见的宫馆合一的建筑，馆内的前、后双戏台建筑形制，为国内前所未见，分别为祭祀妈祖和行业聚会时敬神、演戏之用。前后两座古戏台建筑构造独特，工艺尤为精湛，戏台各处均有砖雕、石雕和朱金木雕，集中反映了宁波传统的木结构建筑技术水平和雕刻艺术特色。建筑的色调运用也可谓别出心裁。建筑群以朱、金、灰三种颜色构成色彩基调，木构件敷以红色，大量的木雕部分用金箔贴面，磨砖墙面、石板地面、屋面呈灰色，充分体现了庙宇建筑肃穆、庄重与高贵的格调。同时，后殿作为会馆日常办公与重要的议事之处，也充分体现了天后宫与行业会馆双壁齐辉的功能。

三江口会馆拥有着160年历史文化积淀。依托其所承载的妈祖文化、会馆文化、海洋文化和地域文化，通过陈列开放、学术研究、惠民活动三位一体的宣传展示，成为“海上丝绸之路”“中国大运河”文化遗产的重要标志，让宁波市民零距离感受文化遗产的魅力与精彩，形成尊重历史、尊重文化遗产的情怀。

三江口会馆里供奉的是妈祖，所以又名“甬东天后宫”，为我国八大天后宫之一，也是浙江省现存规模最大的天后宫。妈祖是东南沿海一带出海的渔民的神灵，最初仅在广东、福建一带，渐次北上。北宋宣和五年（1123 年），宋徽宗封妈祖为“顺济夫人”、为妈祖钦赐顺济庙额，使妈祖信仰得到朝廷的认可，随后妈祖信仰迅速传播到全国各地的海港城市。元世祖封妈祖为“护国明著天妃”，明崇祯帝封妈祖为“碧霞元君”，清康熙帝封妈祖为“昭灵显应仁慈天后”，列入国家祀典。明清以来，妈祖信仰传及朝鲜、日本、东南亚等沿海地区。不过让人意想不到的是，许多内陆城市也有此习俗，比如江苏省泗阳县祭拜妈祖的习俗已有 300 多年的历史了，这是极其少见的。将妈祖带到这里的正是沿京杭大运河做生意的福建人。泗阳天后宫亦称闽商会馆，始建于清代康熙年间。泗阳众兴镇是京杭大运河漕运要冲，是官家、商人、漕帮船家行船走马的歇脚之地。他们在水道上经历风险，都有祈祷企盼的需要。当时，泗阳商贸发达，四面八方的客商汇集聚拢，有福建人在骡马街西建宫供奉海神，其是闽商发展商务的聚会之所，也是他们祈祷祭祀之庙堂。由此也可以了解，大运河一会馆是一条文化习俗传播的有效路径。在山东的许多内陆城市，也建有妈祖庙，亦是运河带来的文化与建筑。

很长时间以来，三江口会馆都仅仅是作为海洋文化的载体进行宣传，这里也早早地开辟为全国首家海事民俗博物馆。这座博物馆是中国大运河世界文化遗产点，是宁波运河文化的实物载体，作为大运河与海上丝路的结合点，这里在大运河的线性文化遗产中是独一无二的，也就有了特别的价值。2019 年，这家博物馆加入了由浙江省文物局、浙江省博物馆学会等部门主办的大运河（浙江）城市博物馆联盟。我想，这对于三江口会馆来说是一件非常好的事，我们知道，在船舶工业得到一定发展之后，关于南粮北运究竟选择海路还是选择运河，是有一番纷争的。明万历年间意大利传教士利玛窦就曾对此提出过困惑，而在三江口，在大运河与海上漕运的交汇处，应该可以得到解开此类历史难题的钥匙。

大运河小百科：会馆

会馆是中国明清时期都市中由同乡或同业组成的社会团体的聚会之处。始设于明代前期，迄今所知最早的会馆是建于永乐年间的北京芜湖会馆。嘉靖、万历时期，会馆趋于兴盛，清代中期，会馆几乎遍及通都大邑，府、州、县城甚至某些乡镇，仅北京就有400余所。

明清时期的会馆大体可分为三种：①同乡官僚、缙绅和科举之士居停聚会之处，又称“试馆”。②以工商业者、行帮为主体的同乡会馆。③迁居客民建立的同乡移民会馆。

早期的会馆绝大部分设于北京，主要作用是同乡组织。明代中叶以后，随着商品经济的逐渐发展，会馆的作用开始从单纯的同乡组织向工商业组织发展。后期的工商业会馆还可能同中国古代的纲运制度有着渊源关系，如福州的汀州会馆，原来是长汀、上杭二县经营纸靛的商人所组织的“纸靛纲”，后由“纸靛纲”扩充为“四县纲”，进而成为汀州会馆。明代后期，工商性质的会馆占很大比重，但仍保持着浓厚的地域观念。即使到了清代后期，超地域的行业组织大多仍以同业公会的面目出现。

陆

黄金水道

第五章在介绍大运河沿线的建筑遗存时，涉及了淮安地区的运河漕运管理机构。事实上淮安地区只是漕运文化的一个缩影，大运河河道及沿线的闸坝、仓库、钞关、传统街区、城市等各种类型的文化遗产都反映了漕运制度和文化的兴起、发展、繁荣、没落乃至消亡的完整过程，见证了这一中国独有并已消逝的制度体系和文化传统。

大运河见证了中国历史上随着封建王朝的消逝而消逝的一种特殊的制度体系——漕运。

漕运是我国历史上一项重要的政治经济制度，它是利用水道（含河道和海道，水路不通处辅以陆运）调运征收物资的一种资源调配制度。而这调运的物资，以粮食为主。

历代王朝非常重视漕运，逐渐建立起一套完备的运输管理和河道管理制度。两者互相制约、互相支撑，共同构成了中国独特的漕运体系。漕运制度始于秦汉而终于晚清，唐代是漕运各项规章制度的初创期，元代漕运组织与漕运制度逐步完善，明代漕运制度空前健全，清代前期漕运组织机构和管理制度更为严密。漕运推动了商品经济的发展、沿岸城镇的兴起繁荣及资本主义萌芽的增长，但是也给南方及运河沿岸人民带来了沉重的负担，对社会经济的破坏作用也是不容忽视的。

运河是漕运最主要的通道，为了实现和保障漕运安全，历代王朝动用一切力量修建、疏浚运河，并建造船闸、纤道等设施保障漕船的安全行驶，力求运河全线贯通；并设置专门的河道管理机构和官员。同时，还建立了造船、运输、转运、仓储、管理等配套设施，并设置了专门管理漕运的中央或地方机构，以及押运官、领运官、闸官坝吏、仓场官吏等各种专门官职，甚至设置了人数众多、专门从事漕粮运输的国家军队；颁布了涉及漕运事务各个方面的管理制度，包括规定每年的漕运时间、漕船通过各主要关口的时间、漕船运输私货数额等，形成了完备的漕运管理制度和体系。

大运河的贯通与隋唐漕运

漕运在中国出现很早，春秋时期就有相关记载。都城周边的农田产出不敷供给，便要从其他地区调运粮食。在古代较为落后的交通条件下，陆路运输成本高且道路安全没有保障，便依赖于水路。而天然水道又不能完全为运输所用，便要开凿人工河流，运河便应运而生。运河开通之后，朝廷征收粮食也就便利了许多，丰富的粮食资源可以供养更多的人口脱离农业生产，从事政治、军事、文化等工作，这在客观上推动了城市的兴起，也推动了经济繁荣与文化发展。

漕运成为社会发展的重要推动力，使大规模的南粮北调成为可能，并发展成为惯例，当然要从隋代修通大运河算起。

隋是中国历史上少有的几个统一天下的短命王朝之一。虽然“短命”，但却形成了新的大一统格局，并为后世的封建王朝打下了许多基础，比如中国的文官选拔制度等。大运河的开通，同样是一件影响千年的大事，它为社会稳定和经济发展创造了极其优越的条件。

隋代建立之初的十余年间，社会经济的发展的确相当迅速。《贞观政要·辩兴亡》载，文帝末年，“天下储积，得供五六十年”。及至大运河开通以后，“公家运漕，私行商旅，舳舻相继”，更使大量的江淮物资源源不断地运至关中，社会出现了经济繁荣的景象。

一件事物，如果得来太容易，往往不会被珍惜。运河开通之后，粮食问题很容易地得到了解决，杜佑《通典·食货七》：“隋氏西京(今陕西西安)太仓，东京(今河南洛阳)含嘉仓、洛口仓，华州永丰仓，陕州太原仓，储米粟多者千万石，少者不减数百万。”天下义仓皆充满，大约这令皇家的欲望充分膨胀，于是隋炀帝开始四处搜刮奇珍异宝，并三下扬州，给中央财政带来巨大的压力。而这压力，则也是通过运河转嫁给了沿线的人民。隋末农民起义，大多是沿运河两岸而起，最初的起义便是山东邹平铁匠王薄发起的。此后，山东平原、漳南、隃等地纷纷举起义旗。最终，这些起义军也像运河一样汇成巨流，淹没了盛极一时的隋王朝。

现在的史家也许会说，如果隋王朝的统治者能够充分利用运河的开通，轻徭薄赋，赈贫贷乏，与民休息，发展生产，隋必然会成为一个经济繁荣、政治稳定的强大帝国，从而奠定其牢固的基业。

但隋炀帝显然还没有认识到这一点，就被自己缔造的帝国冲昏了头脑，开始极尽奢侈之能事，完全不顾人民的死活。史料记载，在造显仁宫时，他下令全国贡献草木花果、奇禽异兽，搜罗大江以南、五岭以北的奇材异石，置于宫中。修筑西苑时，在苑中开人工海，周围几千米，海中设蓬莱、方丈、瀛洲三神山，山上山下遍布亭台楼阁，海北有龙鳞渠注于海中，渠旁建有十六院，池沼中也布满特制的荷、菱、芡，所建迷楼更是“千门万牖，上下金碧”，“工巧之极，自古无有也”。即使在征伐高句丽，国家陷入战争时，隋炀帝也未曾忘记在长安建大兴宫，在毗陵（今江苏常州）大建宫苑。在出游江都时，自长安所建离宫四十余所，据《寿春图经》记载，仅在江都就建有归雁、回流、九里、松林、枫林、大雷、小雷、春草、九华与光汾十所。“苍苍古木中，多是隋家苑。”隋炀帝喜欢繁花似锦的盛景，也特别喜欢用绫罗绸缎装点门面。每年正月，万国来朝，为夸耀富丽，在洛阳端门外，建国门内，大演百戏，“伎人皆衣锦绣缯彩，其歌舞者多为妇人服，鸣环饰佩，以花毦者，殆三万人……两京缯锦，为之中虚”。大业六年（610 年），在天津街演百戏十五天，参加演奏者万余人，费资巨大。当西域人来洛阳经商时，隋炀帝又令洛阳城内装饰一新，用彩帛缠饰树木，以示豪华。在冬天时，皇家花园里的花木凋谢，看起来有点荒凉，他便下令将绫彩剪成花叶装饰。

即便如此，从隋政权覆亡到唐贞观十一年（637 年），隋旧仓中的粮帛仍然没有消耗完，可见隋建政之初，随着运河的开通，社会经济确实得到了极大发展。而因为这繁荣来得太快，也就散失得很快。唐帝国接受了这一教训，在建政初，对漕粮的征收相当有限，关中的粮食不够吃，皇帝就像隋文帝一样，率领百官去“洛阳就食”。而这主要的原因，还是因为从长安到洛阳的水路要经过三门峡，这是一条非常有风险的水路，航船至此，经常遇险，导致运力低下。所以，在唐太宗、高宗时，漕粮的总运量不过 20 万石，史书上称为“漕事简”。

经过贞观之治、开元盛世的积聚，社会经济复苏并重达繁盛。开元二十一年（733 年），唐玄宗以裴耀卿为相，兼江淮、河南转运都使，对漕运进行全面升级。唐初年的休养生息告一段落，一个大开发的年代开始了。同时，这也可以看到唐玄宗对漕运的重视，由宰相亲自督理河政，也算是“顶配”了。

裴耀卿总结了前人的经验教训，健全了漕运制度。他管理漕运的办法，简单地说，就是转般法和仓储制度相结合。

首先，裴耀卿在漕运路线上的许多关键点建造了粮仓，为储运打下基础。之后，裴耀卿又精心设计了一条分段转运的路线。在此以前，漕运是从江淮地区把粮食直接运抵洛阳或长安。这样，由于途中水道的限制，往往用时较长。分段运输法则是转换思路，将江淮的粮食物资经运河北上至河阴县即纳入河阴仓，此后运船即返回。而河阴仓的粮食由其他的船只重新安排运输。这样一来，运河里的船只周转效率大大提高；而至河阴后的转运，也可以根据水势等自然条件灵活安排，所以漕运的效率大大提高。

从这段历史我们可以看到，漕运其实就是一种物流方式，想提高效率，除了增加硬件设施，改善客观条件外，主动运用统筹方法，也同样重要。在数学工具还未普及的中国古代，正是因为有许多善于动脑筋、想办法的智者，才令大运河上的漕运一路畅通。

裴耀卿的办法是立竿见影的，开元二十二年（734 年），运河上漕粮的数量就猛升至 230 多万石，是之前的十倍。此后历代，漕运都成为维系国家粮食安全的命脉。

天下粮仓

上面提到了裴耀卿的转般法，这个办法有一个关键的设施，就是仓储。而事实上，在历代的漕运制度中，仓储制度都是重要的组成部分。隋炀帝疏通了南粮北调所需的网道，设置了洛口、回洛两仓，储粮二千六百万石。唐代“转般法”，按“江南之舟不入黄河，黄河之舟不入洛口”（《新唐书·食货志三》）的原则，于沿河就势设仓，节级转运。在元明清各代，京杭大运河贯通后，北京的南新仓，杭州的富义仓等，成为维系国家命脉的重要设施。一直到今天，许多当年的粮仓还存有遗迹。

隋唐运河的漕运系统是以洛阳为中心的，所以在今天的洛阳地区，有许多当年的国家粮仓遗址。这其中最主要的是含嘉仓和回洛仓，这两座大型皇家粮仓都已经沉入地下，但遗址发掘工作在前些年就展开了，从现有的资料看，两仓规模是十分宏大的。

含嘉仓是隋唐大运河沿线的大型官仓之一，而且是唐代使用的最大、最重要的官仓，历经隋、唐、北宋 3 个王朝，沿用 500 余年后废弃。含嘉仓地处隋唐洛阳城东城之北，是隋唐洛阳城的重要组成部分，亦是隋唐时期中国南北漕运发达的见证，与大运河关系密切。含嘉仓始建于大业元年（605 年）。从遗址看，整个呈长方形，总面积 40 余万平方米，仓窖数百座，由仓窖区、生活管理区和漕运码头区等组成。

在含嘉仓遗址出土了许多铭砖，铭砖上刻有粮仓的方位、储粮的品种、数量、粮食来源、时间、管理人员的官职和姓名等，信息十分丰富。用今天的话来说，也很容易进行责任的追溯，这说明当年的粮仓管理方面有一套行之有效的办法。现在发掘出的铭砖上，记载的漕粮来源有苏州、楚州（今江苏淮安）、邢州（今河北邢台）、德州、濮州（今河南濮阳）、魏州（今河北大名）等，可见当时漕运对全国各地的粮食资源已经具有了很强的吸纳能力。

以洛阳为中心的粮仓还有回洛仓、兴洛仓、黎阳仓等大型粮仓。

回洛仓是隋炀帝迁都洛阳以后才建成的，是当时供应洛阳城的国家级粮仓，也是隋唐大运河沿线的大型官仓之一，在整个大运河运转过程中起着“中转站”和“储备库”的重要作用。回洛仓的遗址处于洛阳北部的邙山南麓，是我国整体格局保存较为完整的隋代大型粮仓遗址，遗址面积较大，仓窖数量众多，地下遗迹保存较完整。分为仓窖区、管理区、道路和漕渠 4 个部分。2004 年，洛阳的一家工厂要在这里建厂房，建设前的例行考古发掘中，人们发现这里有粮窖存在。当年即出土了刻有“大业元年”的铭砖，经过进一步地发掘，确认是回洛仓遗址。回洛仓东西长 1140 米，南北宽 355 米，总面积 40 多万平方米。据仓窖分布规律推算，应该达到700余座，最高总储量可达近18万吨。

在洛阳附近的巩义市东北，还发现了兴洛仓（后改为洛口仓）。兴洛仓建在黄河与洛河的交汇处，隋炀帝为之取名“兴洛”。据《民国河南省巩县志》，“兴洛仓即洛口仓也，隋置仓于巩者，以巩东南原上，地高燥可穿窖久藏，且下通河洛漕运也”。这座粮仓建于隋大业二年（606年）冬，“置洛口仓于巩东南原上，筑仓城，周回二十余里，穿三千窖，窖容八千石以还，置监官并镇兵千人”（《资治通鉴·隋纪四》）。按此记载计算，兴洛仓的容量比回洛仓还要大，是当时的第一粮仓。但是因处于两河交汇的兵家必争之地，这座粮仓也在隋末农民起义时失守，瓦岗军首领李密开仓散米，百万百姓蜂拥而至，有的粮食拿得太多，走到一半发现拿不动了，就扔在路上，粮米散落在地上有数寸之厚，“洛水两岸十里之间，望之皆如白沙”（《资治通鉴·唐纪二》），这也可从侧面看到兴洛仓积粮之巨。

此外，隋运河上重要的粮仓还有位于卫州黎阳县（今河南浚县）的黎阳仓，它是永济渠沿线的大型转运粮仓。这座接近正方形的仓城，东西约260米，南北约280米，面积为7万多平方米，已经探明近百个仓窖，目前还有很多仓窖正在等待发掘。根据已确定的仓窖平均容积计算，黎阳仓的总储量约1.5万吨。黎阳靠近古黄河，在隋唐时代也是粮食的丰产区，建仓的开始应该是黄河的漕运、永济渠开通以后，永济渠和黄河同时漕运之时。

今天人们在北京的东四十条一带，还能看到有皇家粮仓标识的建筑。东四十条22号的几处古建筑，在高楼大厦中并不十分起眼。但这里是明清两代的皇家仓库之一——南新仓。南新仓俗称东门仓，是明永乐七年（1409 年）在元代北太仓旧基上起建而成，清初时南新仓为 30 廒，到乾隆年间增至 76 廒，现在剩有 9 廒。

明永乐年间建造南新仓，是出于储存的需要。明成祖于永乐十四年（1416 年）下令营建北京宫殿，永乐十八年（1420 年）北京宫殿落成，明成祖于同年九月下令以北京为京师，次年正式迁都北京。此后数年间，北京人口激增，社会经济活跃，漕粮的规模也不断扩大，每年由江南地区运来的漕粮有 400 万石左右。这个数量是相当惊人的，粮食储备关系到政权的稳固，因此历代统治者都相当重视，所以也要在硬件设施上予以保证。永乐年间北京建设了许多粮仓，南新仓是北京粮仓的中心，管辖 8 个卫仓，分别是府军卫仓、燕山左卫仓、彭城卫仓、龙骧卫仓、龙虎卫仓、永清卫仓、今吾左卫仓、济州卫仓。明代北京共有包括南新仓在内的 7 座官仓，均集中在老北京的东部地区。除了南新仓，其他的还有海运仓、北新仓、旧太仓、兴平仓、富新仓、禄米仓等。海运仓，顾名思义，是接受海运漕粮的仓库，虽然有些粮仓现在已经不存，但熟悉北京的朋友一定会知道，像海运仓这样的地名还在沿用着。乾隆年间，北京又陆续建设了万安仓、太平仓、裕丰仓、储济仓、本裕仓和丰益仓 6 座仓，数量上达到 13 座。此外，通州还有中、西两座仓。

在古代“仓”是有特定含义的，一间普通的储藏用库房不能称之为仓。仓的规模很大，是总称。贮粮的库房称之为廒。每三间库房称为一廒（后改为五间为一廒），廒门设有编号，门口写着某卫某号。“廒”的容积也是有规定的。南新仓的廒宽约 23.8 米，进深 17.6 米，高约 7.5 米。为了保证坚固防潮，仓房全部都用砖砌，所用的砖按照最高等级的建筑标准制造，也同样采用我们前面说过的紫禁城用的临清砖。围墙有一米多厚，廒架结构基本采用独棵圆木的中国传统木架结构，巨大而珍贵的木料产自四川、湖南、湖北、江西、浙江、山西等地，圆木直径在 30~60 厘米，结构十分稳固。屋顶为悬山、合瓦、清水脊顶，前有罩门。不用说，这些建筑材料也是从大运河上漂来的。

粮仓的建筑设计、安全保障都是顶级的。为了防止被大水淹没，每座仓廒都建在地势较高处，四周筑有高大坚固的围墙。在排水防潮方面的设计也很精妙缜密，不仅在地下铺设了排水管道，每座仓廒的地基都是用三合土夯筑的。三合土，被现代的研究者戏称为“中国混凝土”，通常用石灰、黏土和细砂按照一定的比例配制而成，在某些书中还有加入糯米汁以增加黏度的记载。三合土在古时候被广泛用作地基、围墙等，也被大运河沿岸许多地区用来加固河堤。粮仓的地基除用三合土外，还会均匀铺洒一层白灰，再用砖铺作地面，在砖质地面上再用木条做龙骨，在上面铺满松板，这样的地板结构也可以保证阻隔湿气。仓房的墙壁上还有护墙板，门有门罩，这些都是为了阻断湿气。此外，粮食本身含水分，也会有蒸发，如果不通风，也容易变质，所以每座仓廒都有气楼和闸板等设施，顶端还有竹筒做的通风装置。这样，基本可以保证粮仓内部防潮通风，冬暖夏凉。

南新仓容量是相当惊人的，它最小的储粮为 100 万石，石是容量单位，折算下来，一石的粮食大约得有 50 千克左右，这样南新仓可储存近 5 万吨的粮谷，相当于今天 5000 个左右的集装箱。

元明清各代，朝廷每年平均从鲁、豫、苏、浙、徽以及两湖等地征收米、麦、豆等粮食 460 多万石。京杭大运河刚贯通时，这些漕粮是在积水潭一带的码头装卸，到了后期，积水潭码头逐渐废用，漕粮先运到通州，一部分由驳船经通惠河各闸口运到东便门外大通桥附近停靠卸粮，再用车辆运到各京仓，另一部分，则经通州护城河运到通州中、西两仓。有时糟粮数量太多，仓库一时放不下，就放在露天。新到的漕粮往往要先晾晒，常年存放的廪粮还要翻倒、除糠。因此，廒外还有晾晒场，仓中除官员、官役外，还有粮工、车辆、马匹、工具等。在仓的周边街巷，与仓储漕运相关的行业应运而生，如大车店、小饭馆、小酒店等。

此外，粮仓里还设有龙门、官厅、科房、大堂、警钟楼、更房、仓神庙、土地祠、关帝庙等附属设施，是一个行政、消防、守卫、祭祀多种职能并存的工程系统。

中华人民共和国成立后，南新仓曾做过北京市百货公司的仓库。今天，古老的皇仓正焕发出勃勃生机，且有一定的文化气息。

此外，重要的粮仓还包括杭州的富义仓、淮安的丰济仓等。这些粮仓中都凝结着一段历史，多数使用的时间非常长。例如杭州的富义仓建于清代光绪六年（1880 年），在民国时期还保持着粮仓的功能。同时，随着中国大运河申遗成功，运河沿线的粮仓也纷纷建立了遗址公园。像回洛仓的考古遗址公园，除了对已经发掘的几个仓窖进行展示外，也在考虑筹建仓窖博物馆，将有着千年历史的粮仓展示给观众；杭州的富义仓文化公园也与附近的许多景点一起，成了旅游胜地。

运河钞关

大运河在运输的过程中，会产生许多成本，比如河政管理、河道疏浚、漕运仓储等，都需要大量的人力物力，因此明清两代在运河上设立钞关，收取运河上航船的税收，以这部分收入来作为运河运输的成本。

钞关又称榷关，是明清两代朝廷派驻，督理漕运税收的直属机构，是漕运管理制度的重要组成部分。钞关官员或由户部直接委派，有时也由地方大员兼任。明代钞关的差官一般是户部员外郎或主事，从五品或正六品，相当于现在的副厅级干部，任期一年。

明代禁止海运，京杭大运河在商贸活动中的地位愈发重要。因此明代初设的八大钞关，有七个设在运河沿岸。七座钞关从北至南依次为：崇文门（北京）、河西务（清代移往天津）、临清、淮安、扬州、浒墅（苏州）、北新（杭州）。另外一座钞关在江西的九江，是沿长江贸易兴起后所设立的。万历年间运河七关商税共计 31 万余两，天启年间为 42 万余两，约占八大钞关税收总额的 90% 左右。清代起初也是沿袭这样的钞关结构，但长江岸线贸易持续活跃，于是沿江增设多处钞关，海运重开后，又增设了沿海钞关。

在山东境内，钞关的设置经过了一番调整。最初山东运河沿线有济宁、东昌、临清、德州四个钞关，最终只剩下临清一座钞关。这样的设置是有道理的，因为大运河山东段历来水源不足，航线本身就带有一定的问题，如果税收再多，那行船的成本必然过高。

临清位于鲁西北，现为聊城市代管的县级市。临清是一座典型的因运河而兴又随运河而衰的城市，城内有两条运河的河道。隋炀帝开通的大运河中永济渠一段就流经临清，但当时临清并没有成为运河上的关键点。元世祖至元二十六年（1289 年）京杭大运河会通河段的开通，使得临清迅速繁盛起来。这里在运粮的季节十分繁忙，除了漕粮，南方生产的丝绸、茶叶、瓷器和北方生产的豆、麦、梨、枣等特产，都通过大运河进行流转。临清的真正繁盛是在明永乐年间开始的，当时漕运兴盛，临清成为内陆通往北京的漕运咽喉，是 7 省漕粮北运的中枢。临清钞关和与其相连的码头是商船的必经之地，这也带动了附近的商品经济发展，临清一带发展起了一大片商业街巷。这包括西南面的马市街、碗市街和锅市街以及钞关西北的考棚街，这些商业街巷连贯起来，形成近 2 千米的长街，临清中洲商业区的基本框架也由此形成。万历年间，临清有 73 家布店，32 家绸缎店，65 家杂货店，24 家纸店，100 多家典当铺，100 多家粮店和数十家瓷器店。当时的民谚说："南有苏杭，北有临张。""临张"便是指临清和运河上的另一个市镇张秋镇（位于今天的山东阳谷县东，武松打虎的景阳冈即在此地）。

山东境内仅设临清一关，不仅给这一地区的运河航运松了绑，也客观上拉高了临清关的税额。临清运河钞关始建于明宣德四年（1429年），宣德十年（1435年）升为户部榷税分司，下设五处分关，直控督理榷收船料、商税，以御史或郡佐充任专职。临清钞关征收的税银曾占运河钞关全部税银的1/4，至明代中期已达年83000余两，超过北京的崇文门钞关而居全国八大钞关之首。

运河给临清带来经济繁荣的同时，也带来了多样化的艺术、饮食和宗教，徽班进京时，特地在临清停留，为临清留下了京剧的种子。临清市内的两座清真寺均为全国重点文物，建筑风格为中国古典与阿拉伯建筑风格的融合，有学者考证说这是元代沿运河而来的回族人所建。

到了清代，大运河在国民经济中的地位逐步下降，运河钞关税收总额虽有增长，但在全国关税总额中的比重逐步下降，嘉庆年间已降至三成。随着海禁的取消和对外贸易的增长，沿海诸关所占比重逐渐达到三成多，长江各关税收额也快速增长，运河钞关所占比重则一直基本保持在三成左右。清末废止漕运，大运河风光不再，临清作为一座运河之城也逐渐沉寂下来。

临清钞关直至1930年才取消，一共存在了500年之久。作为古代八大钞关之一，临清钞关是现在保存下来的唯一一个运河钞关，是运河文化的重要载体，是研究中国明清两代经济生活、运河城市的形成与发展及中国税务发展的实证资料。乾隆十四年（1749年）的《临清州志》详细记录了当时钞关的建筑情况，根据这份记载，我们知道，临清的钞关有正堂三间，此外，还有12间料房，3间皂隶房，3间巡栏房，3 间船料房等办公用房，另有鼓吹楼、土神祠等附设机构。钞关的规模颇大，且留有“廉平”“饮思”“裕国”“通商”等字样的匾额和牌坊，临河设坊，置铁链于河内。所有这些遗迹，都记录了几百年间运河给这个城市带来的繁荣，也记录了运河曾经作为经济命脉的存在。

临清除了钞关，还有鳌头矶也是运河的重要遗存。这是一座建于明代的酒楼。明代大学士李东阳曾赋七绝“折岸惊流此地回，涛声日夜响春雷。城中烟火千家集，江上帆樯万斛来”，描绘出运河临清段的繁盛。后来，鳌头矶成为临清博物馆的所在地。

淮安、扬州也设有运河钞关。淮安钞关设于明代，清代仍用之，民国期间裁撤。淮安钞关位于淮安城西的板闸镇，又称淮安榷关、淮安关、淮关。现江苏省淮安市淮安区在民国以前称山阳县，为唐代楚州与明代淮安府治所。故《山阳县志》载：“凡湖广、江西、浙江、江南之粮艘，衔尾而至山阳，沿运河北运，虽山东、河南粮艘不经淮安板闸，亦皆遥禀戒约，故漕政通乎七省，而山阳板闸实为咽喉要地也。”可见运河如同给临清带来繁荣一般，也将兴盛繁荣带到了淮安。至于本来就号称“广陵自古繁华地，三月烟花八月涛”的扬州，更因设立在新城南门的钞关而踵事增华，益发兴盛。

盐船载来的文化

中国古代盐政自古与河运密不可分。西汉吴王刘濞于公元前 179 年至公元前 141 年始开凿了一条人工运河，西起扬州茱萸湾（即今湾头镇）、东经过海陵仓（今江苏泰州）至如皋蟠溪（今属如皋城），这条运河因主要用来运盐而一直被称为“运盐河”，它将江淮水道与东部的产盐区连接起来，使得东部盐场的盐通过运河集中到扬州，然后转输各地，这为当时的吴王刘濞带来了滚滚财富，使其得以积聚财富发动七国之乱。可见，盐作为一种与粮食同等重要的战略物资，在中国古代就已经与运河紧密结合在一起。从西汉以后，各个朝代均利用运河进行盐业运输、收取税收等，盐政与大运河也具有极为密切的关系。

与盐运结合最为紧密的运河是大运河的苏北段，这是因为苏北地区一直是重要的产盐区，由于产盐区又主要在淮河故道入海口的南北，故又名两淮盐场。其中以淮南盐场开发历史最古老，淮北盐场生产规模最大。古来素有“两淮盐税甲天下”之说。

因苏北一带盐田众多，水路畅通，为加强盐政管理，元代设都转盐运使司，明清相沿，简称盐运使或运司，其下设有运同、运副、运判、提举等官。他们不仅管理盐务，有的还兼为宫廷采办贵重物品，是当时漕运体系中承上启下的一个机构。两淮都转盐运使司衙署是大运河沿线城市中重要的盐业管理机构，设在扬州城，下辖 3 个分司，其中泰州、通州（今江苏南通）二分司皆位于淮南，淮安分司则地跨淮河南北，治所设在安东（今涟水县）。这样一来，扬州城就成了盐务的中心城市，凸显了扬州作为清代大运河地区盐业流通中转站的历史价值，也体现了大运河以粮食、盐为主要水路运输商品的特点，盐业的管理者与盐商大量聚集于此。清代所设立的两淮盐漕察院，是两淮盐区最高长官巡盐御史的办公场所，位于今天的扬州城开明桥东南。雍正九年（1731 年）改称两淮盐政，道光十二年（1832 年）起两淮盐政则由两江总督兼任。就像前面说的漕政、河政机构一样，盐政机构也是一个庞大的系统，与盐商一起构成了扬州的一个重要的社会组成部分。清代前期，盐运数量达到高峰，扬州盐业也在乾隆、嘉庆时期达到鼎盛。

盐业对于扬州繁华的作用突出。盐业是一种特许经营。卖盐、运盐本来已经有了收入，等到盐船返程时又可将目的地的特产运回扬州，明清两代均有免税的政策，盐船满载而出又满载而归，赚取了大量的利润。盐商中以徽商占比最大，徽州在明清时期是文化较为发达的地区，因而徽商在发家致富之后，对于文化的需求也相对较高，这给扬州城市建设以及城市生活都带来了一定的影响。熟悉扬州的读者会知道，盐商的生活通常都十分讲究，他们建造的园林到现在还留存许多，而盐商对饮食、服饰等生活习俗的影响也是深远的。

扬州作为明清时期闻名全国的工商城市，有“东南第一商埠”之称，商旅辐辏，会馆林立，现今仍保留着众多的工商会馆和商业公所的历史遗存。当时就有浙绍会馆、湖北会馆、湖南会馆、宁波会馆、岭南会馆、山陕会馆等地域性商人会馆 20 余处。盐商们还积极投身公共事业，出资疏浚盐运河道，修补路桥，甚至设立育婴堂、普济堂等慈善机构，捐办安定书院、梅花书院、敬亭书院、淮扬书院等。

盐商大量建造的园林，是扬州城的一大文化资源。乾隆南巡要路过扬州，当地富商便争相建造园林别墅，至最繁盛时，扬州城内私家园林多达 200 多处，虽历经近代的战乱，多数损毁，现也还有 30 处左右。扬州处于南北方交汇之处，江南人认为这里是江北，黄河流域的人认为扬州是南方。这个特殊的地理位置与独特的历史，使得扬州园林既具有北方园林的金碧辉煌、高大壮丽，又有大量江南园林中的建筑小品，自成一种风格。

这其中最有代表性的是个园。个园是清嘉庆二十三年（1818 年）由两淮盐业商总黄至筠在明代寿芝园旧址上创建的。黄至筠本是杭州人，因经营两淮盐业，而入籍扬州府甘泉县，他是清代嘉庆、道光年间的八大盐商之一。黄至筠是一名经商奇才，同时也具备一定的政治头脑，他与胡雪岩一样同为“红顶商人”，正二品顶戴，钦赐盐运使司盐运使。因屡次捐资朝廷赈灾及军费开支，曾两次获得进京祝寿、入圆明园听戏的待遇。同时他也是个有文化修养的儒商，在书画艺术方面有着很深的造诣，现今个园抱山楼下的嵌壁石刻上，还存有他画的一幅扇面。个园的建筑风格独特，有较高的艺术性，而园中最有特色的，是四季假山的构思。在园林中，设计者充分利用山石，造出了春夏秋冬的四季风景，春山是在竹丛中插植石笋，以“雨后春笋”点“春”的主题；夏山以青灰色太湖石为主，叠石似云翻雾卷之态；秋山是黄石假山，线条粗犷，古柏倚伴嶙峋山石；冬山则是以洁白、圆浑的宣石（雪石）营造出冬天的气氛。以石造景，用山石本身给人的感受制造出春夏秋冬的意趣，显示出园主非凡的想象力。中国画中春夏秋冬向来是受喜爱的题材，而个园的主人，仿佛是在用园林作画。

扬州是与大运河关系最密切的城市之一，民间有个影响非常大的说法：隋炀帝开挖运河的目的是为了到扬州寻欢作乐。这种说法虽然过于片面，但千百年来一直流传，也反映出人们对扬州生活富足的某种认同。扬州文化资源众多，并在全国率先建设文博城，博物馆的数量与质量在同类城市中均居于前列。我曾多次去扬州，了解当地文博事业的发展。扬州人文荟萃，文化底蕴深厚，学习风气好；扬州人注重生活品质，不断向往更加美好的生活。扬州市民对博物馆有着多样化需求，而扬州上百座各具特色的文博场馆，能满足人们不同的文化需求和文化体验。

作为大运河申遗牵头城市，扬州承担了它的责任，使得大运河整体申遗一直保持很好的推进状态，最终实现了中国大运河整体列入世界遗产名录。中国大运河列入世界遗产名录只是大运河保护的新开端，更重要的是，要尽到世界历史文化遗产保护的责任。作为大运河申遗的牵头城市扬州，同时也发挥了大运河保护管理的作用。一直在扬州举办的世界运河城市论坛，在国际上是示范性的，也是引领性的。最近几年，扬州在运河环境整治方面加大了力度，比如三湾地区有了实质性变化。扬州做的典范性工作，对申遗后各个城市如何继续加强运河保护非常有意义。我也特别希望扬州在大运河保护方面继续不懈努力，往前面走，无止境地往前面走，使大运河真正成为中华民族世界遗产保护的一个典范，成为把文化遗产融入人们生活方面的一个范例。

盐运是大运河上独特的历史风景，留下了丰厚的文化遗存，前面说到的两淮都转盐运使司衙署（仪门厅）的形制和规模得到了良好的保存，其历史位置、作法、材料均保存完好，真实性较好。

在山东境内，阿城盐运司始建于清乾隆十三年（1748 年），位于阳谷县阿城镇海会寺西侧，亦称运司会馆、山西会馆，是聊城运河沿线仅存的古代盐业管理机构遗存，也是明清时期聊城运河经济繁荣的见证。建筑群占地面积 2623 平方米，是一组类似中国北方传统四合院布局的建筑，现存建筑有山门、前殿、后殿、配殿等。南北长 72 米，东西宽 47 米。盐运司建筑技法精湛，大殿柱础雕刻精细传神，木构件制作精巧，彩绘流畅生动。作为古运河沿岸的重要文物建筑，它集房屋构造、雕刻、书法、油饰彩绘精华为一体，是清乾隆时期中国盐运司会馆建筑的代表作之一，具有较高的历史与艺术价值。

黄金水道，古今一揆

在当今物联网快速发展的时代，虽然飞机航线、铁路、高速公路等运输网络已经十分发达，但运河航运仍以其低成本、低风险的优势，在大宗货物的运输中发挥着重要的作用。很多人难以相信，即便是像苏州这样的城市，如今仍然有一半的货物运输是依靠古老的大运河。据统计，平均每天都有大约 6000 艘船从苏州的运河河道穿过。

前面说过，大运河是包括隋唐大运河、京杭大运河和浙东运河在内的航运体系。这其中，从元代起京杭大运河一直是我国重要的南北水上运输通道，以粮食运输为主。从某种程度上说，它解决了中国南北社会和自然资源的不平衡，实现了南北社会资源和物产的大跨度调配，因而影响是深远的。

大运河作为南北交通大动脉，历史上曾起过“半天下之财赋，悉由此路而进”的巨大作用，促进了沿岸城市的迅速发展。其连通了海河、黄河、淮河、长江、钱塘江五大水系，纵贯华北平原、淮海平原和杭嘉湖平原，在运河沿线与支线网附近崛起一大批如扬州这样的繁华城镇，极大地促进了中国东部和中部地区的发展。

千百年来，大运河流淌不息，在促进中国经济、文化、社会发展中发挥了巨大作用。过去是南粮北运，现在则是北煤南运、南水北调。运输是运河开凿的根本目的，历经千年的历史沧桑和社会巨变，至 20 世纪初，仍有 10 万多艘船舶长年航行在运河上。2018 年，仅大运河的江苏段货运量就达到 4.8 亿吨，是莱茵河货运量的两倍多，而另一项统计数据则说明浙东运河的全线货运能力是萧甬铁路的 4~5 倍。

大运河作为世界上开凿历史最悠久、航道最长、运量最大的运河，为中国南北物资流通做出了巨大的贡献。今天，运河依然在中国综合运输体系中发挥着重要的作用，是内河水运网络“一纵、两横、两网”中唯一的纵向通道，也是北煤南运和长三角地区外向型经济的大通道。它的北端连接着济宁、枣庄、徐州、商丘、淮北等煤炭基地，南端连接着经济发达的长三角地区。一方面便利了煤炭的外销，为产煤区的经济带来了活力；另一方面保证了长三角地区便捷的煤炭供应，保障着这一地区日益增长的煤炭需求，为这一地区的经济发展注入了强大的动力。

运河船型标准化示范工程，使船舶水体、噪声污染明显降低，航道、船闸的通过能力大幅提高。近年来，山东、江苏、浙江三省投入巨资用于京杭大运河航道整治。山东省利用南水北调河道续建京杭大运河济宁以北至东平湖段，使大运河最低航道等级达到三级，1000 吨级的单机船可从山东东平湖直达浙江杭州，运力提高 40%。

在京杭大运河与淮河水道交叉的地方，有一座横跨淮河的水路通道，被称为“水上立交”。它是亚洲同类工程中规模最大的“上槽下洞”水上立交工程，入海水道泄洪时从大运河底下穿洞而过，不影响大运河通航。它的投入使用对淮河流域下游防洪减灾有着巨大的作用，并保证了京杭大运河的运输畅通。

流淌千年的京杭大运河，正焕发出勃勃生机。杭州拱宸桥作为运河终点的时代早已过去，目前的终点三堡船闸正在成为一个新的起点。京杭大运河从这里跨过钱塘江向东挺进 240 千米，从宁波奔向一望无际的大海。

大运河千年来的各种变迁，是中华大地上下五千年来沧桑历史的缩影和伟大展现。切实保护并科学利用运河，让古老的运河永远充满活力，是我们的历史使命。正如徐嵩龄先生在《大运河申报世界遗产对我国遗产科学建设的挑战》文章中所说：“大运河作为‘活态遗产’的现代功能可以概括为：航运功能，输水功能，生态功能，旅游功能。此外，对于大运河作为‘活态遗产’的功能，不仅应考虑它的过去与现在，还应尽可能考虑它的未来，考虑它可能出现的新功能以及新的功能排序。”千里运河，千年漕运，孕育出丰富无比、千姿百态的大运河文化，现在所揭示和认知的仅仅是其表层和局部，更多深层次的文化内涵，还有待人们去认识和发掘。

大运河小百科：漕运

中国古代政府将所征收财物（主要为粮食）经水路（含海道）解往京师或其他指定地点，这种组织和管理即为漕运。因水路不通处往往辅以陆运，故又合称“转漕”或“漕挽”“漕辇”。

先秦时代，各州所纳贡赋往往经水道运输，后世漕运始于此。

西汉定都长安，每年有大量粮食从淮南运往关中，转漕逐渐制度化。为省时省力，政府采取多种办法对漕运予以改进，其中包括挖掘人工漕渠以缩短水路。东汉定都洛阳，大大便利了关东各地漕粮的转输。水利工程的修建，不仅便利了漕运，也对免除山东、河南等地的水害起到了作用。三国、两晋南北朝时期，淮河、长江流域是南北对峙政权的前沿，各方均以通漕积谷为要务。

隋唐时期，隋代先后修通四段运道：山阳渎，自山阳（今江苏淮安）引淮水到达扬子（今江苏仪征东南）最终汇入长江；通济渠

（唐代改名广济渠），自西苑（今河南洛阳西）引谷、洛水到黄河，又从板渚（今河南荥阳北）利用汴水取直航道，引黄河水通淮河；永济渠，北起涿郡（今北京西南），南通黄河；江南河，自京口（今镇江）至余杭（今浙江杭州）。

北宋漕粮分四路向京都（开封）集运，其中来自东南六路的淮汴之粟占主要地位。北宋对运河进行了一系列整治，且漕线较隋唐缩短近半，因此运输能力大增。南宋漕运体系以临安（今浙江杭州）为中心作了重大调整。

元代，汴渠也因北宋末年战乱及黄河“夺淮入海”而失效，漕运格局为之大变。至元十八年（1281 年）修凿济州河，南来运舟由徐州经济州河入大清河，经海河直沽（今天津），再经水陆联运至大都。至元二十六（1289 年）和至元二十八年（1291 年）会通河（须城安山至临清）与通惠河（通州至大都）凿成，元代大运河南北取直，全线沟通，内河漕运自此进入一个新阶段。

明初建都南京后，曾多次浚治、开凿水路，从而形成了浙西、皖南至应天（今南京市）的水运大通道，改善了漕运条件。首都北迁后，漕运方式有所变化，随着永乐十三年（1415 年）大运河会通段的重新贯通，漕运的重点转向河运。

清代开凿中运河，彻底结束借黄河行运时代，并建成黄、淮、运交汇枢纽，通过缓和河面比降，减轻浊流灌运，改善了漕运条件。

柒

依河而居

大运河是活态的、流动着的文化遗产，有血、有肉、有灵魂，更有历史渊源。大运河是我国古代文明的重要载体，千年流淌着的河水滋养着沿岸光辉灿烂的传统文化，两岸生活着的民众演绎着丰富多彩的地域文化。河道、水系、航运、码头、船闸、历史城镇、街坊社区，大运河以线状或网状格局串联起极为丰富的文化遗产族群。

与大运河相关的许多运河城市、历史街区都在演绎着不同版本的运河故事。每一处历史街区传承至今都必然经历复杂的演变过程。运河沿岸人民依河而居，在大运河上展开他们的生产生活，成为千百年来运河两岸最鲜活的篇章。

北京：胡同与运河

元代开凿通惠河与大运河接通，以利漕粮货物运输，使南方货船直接到达积水潭码头（今什刹海地区），大米、茶叶等各种商品由此可以源源不断地供应大都市场。积水潭码头呈现出“舳舻蔽天”盛况的同时，也在与具有“前朝后市”的特殊职能的鼓楼前商业区之间，形成了一条便捷的商业通道，也就是现在的烟袋斜街。所以说要是从13世纪算起，烟袋斜街有800多年的历史了。这条古街东起鼓楼前的地安门外大街、西至小石碑胡同与鸦儿胡同相连处，全长232米。明代初年称“打渔厅斜街”，到清乾隆年间称为鼓楼斜街，清末道光、咸丰前后才改称“烟袋斜街”。

明初迁都北京，明成祖为了巩固政权，保持稳定，迁来大批南方商贾富户。由于积水潭一带风景幽静，达官贵人纷纷在沿岸修建别墅，烟袋斜街也因此维持了昔日的繁荣，还出现了一些为宴饮游乐服务的店铺。

清代什刹海地区更成为王公贵族、达官显贵的云集之处，会贤楼、望湖楼、庆云楼等著名酒楼应运而生，特别是夏季的荷花市场更是车水马龙、喧嚣异常。此时，烟袋斜街里出现了多家饭庄、酒楼、烟铺、茶馆、浴池等，还有以经营烟具为主的“同台盛”和“双盛泰”等店铺。

烟袋斜街的平民化是在辛亥革命清帝逊位之后，居住在什刹海附近的王公贵族、八旗子弟失去俸禄，于是纷纷开始变卖古玩字画，使烟袋斜街重新定位。经营古玩的宝文斋、敏文斋、绣古斋、抱璞山房等纷纷落户于此，形成烟袋斜街特有的民俗类文化景观。烟袋斜街可谓见证了什刹海地区数百年的兴衰历史。

烟袋斜街是大运河在北京留下的最为典型的历史记忆之一。我们说，紫禁城是从大运河上漂来的，某种意义上，整个北京城都是从大运河上漂来的。忽必烈定都大都（今北京）时，北京还是幽燕苦寒之地。规划中的京杭大运河，让忽必烈有了在这里建设一个大都市的信心。北京城横平竖直，路网十分有规律，除了在运河沿线上形成的像烟袋斜街这样的街道，其他街道几乎都是正南正北的。北京民居有两大特色，一是胡同，二是四合院。“胡同”是蒙古语里“水井”的意思，人们生活的地方要有水源，这是基本问题。

从平面布局上看，元大都城很是规整，方严整齐：除了西南角上凸出的寺庙外，整体上呈长方形。城墙上设有 11 座城门，包括北部两座，其余三个方向各三座。无论是东西向还是南北向的大路，均能贯通每座大门。大路与相对较窄的街道交叉，形成了 54 个四面环绕的区域——坊，而其中又进一步等分为各种居住区域等。居民区和街道之间的通道就是胡同。从这个意义上说，“胡同”是来源于大都的城市规划，而大都的城市规划，与当时即将通航的大运河息息相关。所以没有运河也就没有北京城。

我虽然没在烟袋斜街这样因大运河而形成的胡同中居住生活过，但我对北京的胡同、四合院有着深厚的感情。在北京生长的人，过去几乎都与胡同、四合院有着亲密的关联。我出生在沈阳，但是出生仅三个月以后，就随着父亲的工作调动，被母亲抱着来到了北京，一住就是 60 多年。

在记忆中，我们一家前后居住过四处北京四合院。第一处是崇文区的东四块玉，第二处是西城区的大门巷，第三处是东城区的美术馆后街，第四处是西城区的云梯胡同。毫无疑问，我是在四合院里学会了说第一句话，我也是在四合院里学会了走第一步路。我想这可能就是为什么我讲话时经常会带一些北京“土语”，这也可能就是我为什么穿了 30 多年北京“懒汉”布鞋的原因。

我在第一处四合院里居住了六年。1954 年全家初到北京时，住在南城东四块玉的四合院民居里，这里属于一座大杂院。在第二处四合院里居住的时间最短。1969 年我随父母去湖北沙洋财政部“五七干校”劳动，作为在城市里长大的少年，第一次体会到劳动的艰辛。1970 年年底，我独自先期回京参加初中毕业分配，成为一名学徒工人，寄居在姐姐家。大门巷胡同就在西长安街的北侧，是一处新翻建的独门独院，与姐姐一家，姐夫的父母、弟弟妹妹们一家十几口住在一起，从早到晚，热热闹闹，其乐融融。在这里我感受到四合院氛围中最宝贵的家庭亲情。

我在第三处四合院里居住的时间最长。1972 年母亲也从“五七干校”回京，单位分配了位于美术馆后街的住房。这是一组典型的传统四合院，分为前院、中院和后院。在这里居住期间，经历了一些令人难忘的事情，例如 1976 年 7 月 28 日凌晨，唐山发生了 7.8 级地震，北京地区有强烈的震感。我家居住的房屋后墙被震垮，垮塌下来的砖瓦封堵了邻院的巷道。为防余震，全院在院前的城市道路上居住了一段时间，我也在这时学会了搭建防震棚。

我在第四处四合院居住的时间不长。这是一座小型四合院，北临辟才胡同，闹中取静。院中有两棵果树，一棵是柿子树，另一棵是枣树，使小院的环境充满生机。那时我们的孩子刚刚一岁多，开始学习说话、走路，四合院的环境无疑非常适宜和安全。

我在北京城里居住了这么多年，体验了在不同地点、不同规模、不同邻里的四合院居住以后，再回过头来思考四合院生活的体验，最深刻的不是物质的存在，而是文化方面的感受。四合院的情结，是对父母、亲人、朋友的思念，是对那个成长空间的眷念。忘不了四合院里街坊们海阔天空地神聊，忘不了四合院里小伙伴们的嬉戏打闹，忘不了四合院里醉人的鸟语花香，忘不了胡同里走街串巷小贩们的叫卖声。这份情怀，只有久居胡同、四合院才能获得。这些年，北京胡同、四合院有了很大的变化，记忆中的许多地方都已经成为永不回来的风景。

从童年到青年，在四合院里前后四个时期的居住经历，使我和北京胡同、四合院有了特殊的感情，也一直影响着我的专业走向。在日本留学期间，我选择了传统历史街区保护的研究内容，通过大量考察日本各地传统民居和历史街区，撰写了毕业论文《关于历史街区保护和利用的研究》。

在北京市规划委员会工作期间，我主持制订了《北京旧城 25 片历史文化保护区保护规划》，并经北京市政府批准实施。2008 年在全国政协十一届一次会议上，我提交了《关于北京旧城胡同——四合院整体申报世界遗产的提案》，建议对北京旧城胡同、四合院实施整体保护。进一步摸清北京胡同、四合院的保存现状，加以登记造册，建立完善的保护管理档案。

在胡同、四合院的保护整治过程中，积极探索既有利于历史街区整体保护，又有利于改善居民生活的整治方法。注意保护传统风貌和街巷肌理，坚持循序渐进、有机更新的方针，采取小规模、微循环、渐进式的方法，防止“大拆大建”的行为，避免“运动式”的改造，有计划、有步骤地推进胡同、四合院的保护整治工作。同时启动北京胡同、四合院申报世界文化遗产工作，促进胡同、四合院保护管理水平的提高，也使全世界民众共享这一灿烂的文化。

记得少年时代，小伙伴们一起登上景山，四下望去，成片成片富有质感的四合院灰色坡屋顶和庭院内高大树木的绿色树冠，形成一望无际灰色和绿色的海洋，烘托着故宫红墙黄瓦的古建筑群，协调和联系着传统中轴线两侧建筑，极为壮观，这是历经数百年的发展，最具北京文化特色的城市景观，也是我心中真正意义的古都北京。

古都北京城的规模远小于现在的类似大伦敦、大纽约的北京，尤其是人口稠密度和建筑密集度，更是差得远了。紫禁城居于古都北京中心位置，宫城外是皇城，皇城外是内城，这样构成了三重城圈。皇城四周就是居住区，胡同、街道就是住宅地段的分界线。清代的商品、物品及粮草运输主要依靠大运河，城东因距离通州的运河码头较近，所以各种仓库大多设在东城。

比如老舍先生居住的羊圈胡同，距离建在积水潭上的德胜桥很近。德胜桥将积水潭一分为二，桥西仍称积水潭（又称西海），桥东称什刹海。老舍先生在伦敦写的小说《老张的哲学》中就有这样一段："到了德胜桥，西边一湾绿水，缓缓地从净业湖向东流来，两岸青石上几个赤足的小孩子，低着头，持着长细的竹竿钓那水里的小麦穗鱼。桥东一片荷塘，岸际围着青青的芦苇。几只白鹭，静静地立在绿荷丛中。幽美而残忍的，等候着劫夺来往的小鱼。北岸上一片绿瓦高阁……一阵阵的南风，吹着岸上的垂柳，池中的绿盖，摇成一片无可分割的绿浪，香柔柔的震荡着诗意……"由此可见，直到民国初年，大运河还与北京人的生活密切相关，触手可及。

在我居住的四合院里，北京人民艺术剧院拍摄了八集电视连续剧《吉祥胡同甲 5 号》，据说这是第一部反映北京四合院生活题材的电视连续剧。而吉祥胡同正是古运河河畔的胡同。前些年修建平安大街时，曾在吉祥胡同挖出了东不压桥（原名为"东步量桥"）的桥墩。东不压桥建于明永乐十八年（1420 年），于民国初年拆除。东不压桥是什刹海水从后门桥下进入皇城的通道，是御河的上端。

由大运河我想到了北京中轴线乃至北京城的文化遗产保护工作。

北京中轴线上不仅包括故宫、天坛和大运河 3 项世界文化遗产，还包括 72 处国家级文物保护单位和 26 片历史文化街区。因此，北京中轴线保护是一项长期性的系统任务，需要一代代人的不懈努力。

北京现在有故宫、天坛和大运河三处世界文化遗产，它们之间并不是孤立的，保护北京城的文化遗产也应该有种统筹的思维。2011 年 3 月，在全国政协十一届四次会议上，我提交了《关于推动北京传统中轴线申报世界文化遗产的提案》，建议将中轴线两侧的历史河湖水系、棋盘式道路网骨架和街巷肌理、传统四合院民居建筑群，以及中轴线两侧平缓开阔的空间格局、城市天际线和重要的街道对景、传统建筑色彩和形态特征等，均纳入北京中轴线的保护内容。也就是说，不仅要保护好中轴线的道路骨架，还要保护好两侧的街巷胡同肌理；不仅要保护好宫殿建筑、纪念性建筑，还要保护好四合院民居建筑群；不仅要保护好景山、钟鼓楼等制高点，还要保护好相互之间的通视走廊和天际线；不仅要保护好城市文化景观，还要保护好自然生态景观。

在谈到大运河时，我愿意再重复这个观点。

沿河漂来竹竿巷

竹子是中国南方的特产，黄河以北就不太常见。即便有的话，也仅限于某些庭院、园林里栽种的观赏型的竹子，或是耐寒性强的细竹，那种高大粗壮的毛竹在北方是很难看到的。竹编手艺及贸易自古在南方已很常见。在京杭大运河的南端——杭州，就有一条竹竿巷。但是一直到今天，山东的许多城市还都有竹编手艺人，在济宁、临清、德州等城市里甚至都有竹竿巷——这是运河时代留下的遗产。虽然这里的运河已经断流，但竹竿巷还在，竹编手艺人也没有完全消失。

竹子是一种轻型材料，方便运输，用途也很多，尤其是在材料科学没有得到发展的古代，竹子就更显得重要。作为中国人特别喜欢的材料，大的毛竹可以做筏子，甚至可以当建筑材料，像南方的许多村寨，房屋都是用竹子搭设的。最细小的斑竹，可以制成笔杆，是文房用具。竹子制品用途广，加工的时候不需要太多的生产资料，临清民谚称“一把篾刀一弓锯，两把竹篾做生意”，在生产力不发达的古代中国，竹子是养活了许多手艺人的一种植物。明清两代，为了体恤漕运官兵，允许漕船在运载粮食时搭载一定数量的私货沿途贩卖。这应该也是一件心照不宣的事，搭载的货物既不能太重也不能太贵重，而且漕军们也不是什么有钱人，于是江南盛产的竹木就成为搭载的货物首选。山东运河沿岸的漕运码头，流动人口多，对竹制容器的需求量很大，漕船搭载来的竹木为山东运河沿岸的各城镇提供了充足的竹器加工原料。各种竹编手艺也逐渐被带动起来，成为当地百姓的谋生技能。后来随着竹器加工业日趋兴旺，从业人员不断增多，竹器经营户就集中形成了专门的街巷——竹竿巷。竹竿巷因竹器产业闻名于世。

济宁的竹竿巷起源于元代，繁盛于明清，延续至今已有 700 多年的历史。现位于济宁市老运河南岸的竹竿巷，全长 684 米，是顺应运河自然形成的，因而呈曲尺状。据当地史料记载，这里在光绪年间就有较大竹器店铺、作坊 37 家，民国年间有 153 家，中华人民共和国成立后有 170 家。

济宁的竹竿巷是当地运河文化的中心区域，这里不仅工商业发达，建筑也是典型的江北水城风格。纸店街、汉石桥街和纸坊街首尾相接，店铺鳞次栉比。与一般北方城市正南正北的建筑格局不同，济宁竹竿巷一带的房屋是顺河而筑，街道也是随着运河的河道而蜿蜒。河与街巷之间，有诸多与之垂直的小巷，如清宁巷、永丰巷、绳巷、清平巷等，全部通到运河岸边的码头。这里的商铺建筑形式为前店后坊，面街的一面是全敞开式的板搭门面，并且没有隔扇，铺后面就是运河，漕船带来的竹料可以很方便地在后院卸下来，而剖开的竹片，在编织的时候需要用水浸泡，这道工序也是在运河水里完成的。这种店铺门窗、屋檐多用竹木搭制，这也就使得整体的风格极像江南城镇。在运河航运繁忙的时候，漕船、鲜船、快船、马船、供船、巡船、盐巡船和民间商货船在这里穿梭往来，北方的皮毛、药材，南方的丝、竹、茶叶、陶瓷沿运河而至，十分热闹。当年济宁城内先后有 9 个省的商户建立了 7 处会馆，均在竹竿巷周围。

与此非常相似，临清市也有一个竹竿巷。它是一条东西走向的小街，规模较济宁的竹竿巷要小，长仅 300 余米。它西达卫运河，与广济桥码头（也称浮桥口码头）相连。这条小街的历史悠久，在元代时，名为“果子巷”，明永乐后随着运河沿线竹编生意的繁荣，临清也兴起了竹编生意，手工艺人聚集于此，渐渐形成了竹竿巷的格局。清末竹竿巷有竹器作坊 60 余家。据民国《临清县志》载，此处“生产加工篮、篓、筐、帘、风门、筛、竹耙、缸帽等产品百余种，畅销周围各县”。

临清的竹活匠人也同木匠一样，分方活和圆活匠人。方活匠人加工较大的家居用具，比如桌子、竹椅之类。圆活匠人加工小件和工艺品，比如竹制的鸟笼子、竹枕头、竹篮子等。

紧临南运河的德州市，也有竹竿巷，且分为大竹竿巷、小竹竿巷两条，两条街巷的店铺风格与前述济宁、临清的竹竿巷相类似，也是具有江南风韵的。

在运河沿岸的聊城等地，也同样有竹竿巷，这些汇聚竹编手艺人的街巷，有的还存有当年的痕迹，有的已经面目全非，只能在仔细辨认后，才能找到一些往日的影子。

有意思的是，即便是到了今天，大运河在北方已经断流多年的情况下，济宁等地的竹编生意依然存在，许多当地人还习惯使用竹编的器具，运河上已经不再漂来江南的竹子，但因为有市场需要，那些江南的竹子，仍然会通过铁路、陆路运输源源不断地送到北方。

沿大运河生活着世世代代以水为生的人们，他们因大运河而生，他们的居所因大运河而建，他们的城市因大运河而繁荣。如今，他们在大运河沿线遗留下来丰富的文化遗产，竹竿巷就是一个典型的例子。假如没有大运河，一个北方的小城不可能产生如此多的竹编手艺人，更不可能有什么竹竿巷。与此相类似的，还有许多乡土建筑遗产和工商业遗产，无不反映了大运河与沿河而居的普通民众生产生活的密切关系。

沧州：“镖不喊沧”

大运河从山东德州继续北上，就到了河北沧州。运河在沧州经吴桥、东光、南皮、泊头、沧州市区、沧县、青县七个市县，出青县李又屯村进天津界。

现在一说起沧州，人们就会想起武师、镖师这样的字眼儿，另外，吴桥的杂技也十分有名，是世界级的。而不管是镖师还是杂技，都是大运河赋予沧州的。依河而居的沧州人，为何会对武术和杂技如此青睐呢？

如果不特别提出，很多人或许意识不到沧州的大运河河道是全部运河城市中最长的。从高空可以特别明显地观察到这个特征——沧州的运河处处都是弯，这些弯正是古人在开凿南运河时为解决河水落差而设置的。如果落差太大、水流太急，航运就会增加风险，为了降低风险，办法之一就是利用船闸。但如果船闸太多，会造成工程成本增高，维护难度加大，于是古人同时采用造弯道的办法。俗话说“三弯抵一闸”，弯道使得水流速度减缓，降低了往来行船在此复杂地段中的风险，也使得航线因此而被人为延长，所以这一带的大小码头和存放货物的仓库格外多。码头多、仓库多，就需要有人守卫，沧州人本来就尚武，镖行也就自然而然地发展起来。

沧州自古就有尚武的民风，在明清两代也格外繁荣，民间传播着八极、劈挂、燕青、六合、螳螂等 50 多个拳种。民国年间，曾有 52 位沧州拳师在原南京中央国术馆任教。因为沧州武师武艺高强，在全国同业中稳居前列，所以赢得了“镖不喊沧”的名声。

古代镖局萌芽于明代，兴盛于清代，民国期间衰落。如果从物流角度看的话，清代镖局的组织化程度还是比较高的，有自己的行业规则。比如，镖局雇请武术高手为镖师，于镖车或驮轿上插上一小旗，上书自己姓名，在押送银两时除了亮出镖旗外，还亮出委托走镖的官府如府、道、署等衙门的旗帜。同时趟子手们还要在途中喊号子，或喊出本镖局名号以示郑重和威风。喊镖号是一种带有震慑性质的行为，原也是镖局常用的壮大声势的手段，但如果有辈分、威信都更高的同行在的话，一般就要收敛一些。沧州大概是因名镖师太多，所以各地的大小镖局为表示对沧州武乡的尊重，在走镖过沧州时不再亮镖，既不扯旗也不呼喊，悄悄经过，否则会被视为挑战，自有当地高手上门应战。

镖局、镖师，都是建立在运河航运繁荣的基础上的，所以沧州的这一特点，也是大运河造就的。时至今日，沧州段的大运河早已没有了往日的繁华，但尚武、讲义气的性格特点已经牢牢地镶嵌在沧州人的内心深处。

吴桥杂技是沧州的另一张名片，吴桥杂技在世界上得过许多奖，这个杂技的发展与运河有着千丝万缕的关联。明清时期吴桥水灾频繁，土地瘠薄，天灾人祸不断，民众在不能靠土地养活自己的情况下，就只好浪迹江湖，卖艺为生。好在漕运带来了人流和商机，给吴桥艺人提供了展示的场所，吴桥逐渐发展成了世界闻名的杂技之乡。

沧州的运河遗存是非常丰富的，自隋唐以来，沧州段古运河的走向没有经过大的改动，河堤、河道大都保存完好。河道内能够发现大量唐宋以来的沉船、器物、城砖等。曾经依河而居的沧州人，依托大运河，缔造出具有特色的沧州城市文化。1989 年沧州举办了第一届“沧州武术节”，1992 年 12 月沧州市作为首批也是唯一一个地级市被国家体委命名为全国“武术之乡”。而在杂技方面，现在吴桥有国办和民间杂技团体几十个，杂技艺人数千人，足迹遍及全国和世界 50 多个国家、地区。中国吴桥国际杂技艺术节已成为国际重要杂技赛事。“吴桥杂技大世界”也被原国家旅游局列为具有民俗特色的 4A 级杂技文化旅游景区。

对于济宁以北的运河城市来说，大运河的繁荣时代已经成为过去，但是如果走进这些城市的日常生活，我们会发现，运河时代带来的生活方式会以各种各样的方式留存在当地。不盛产竹子的地区，人们已经习惯了使用竹器，虽然运河上不再漂来长长的毛竹，但是只要有需求，现代物流就会以现代的方式给予满足。沧州的蜿蜒河道上，不再有大大小小的码头，镖局与镖师也已经是过去式，但是武术之乡不会在一夜之间消失。这就是文化遗产的魅力。

运河上的美食

民以食为天，大运河造就了两岸热闹的运河城市，也就使这些城市有了自己的美味。通过流淌的运河，这些美味得以四处传扬，成为名满天下的佳肴。

这里最有代表性的当然是淮扬菜。

淮扬菜与鲁菜、川菜、粤菜并称为中国四大菜系。淮扬地区是从隋代开始就因运河而繁盛的地区，所以淮扬菜系与大运河的关联也就最多。

淮扬菜起源很早，但真正形成菜系是明清时期的事。淮安与扬州都是运河上的中心城市，淮安是漕运的中心，扬州是盐运的中心，两地在运河时代均十分繁荣。尤其是扬州，前面我们讲过，盐商财力雄厚还特别讲究享乐，所以对美食的要求也就很高，这在客观上促进了淮扬菜的发展。

淮扬菜以淡水鱼鲜为最大特色，口味清鲜平和，南北皆宜。因为淮扬地区水系丰富，物产丰饶，对于食材也就特别注重鲜、活、嫩。同时，因此地的文化积淀厚重，人们讲究美观，所以对刀工也特别注重。著名菜肴有清炖蟹粉狮子头、软兜长鱼、淮安茶馓、大煮干丝、三套鸭、水晶肴肉等。清代康熙、乾隆年间，淮扬菜的名气达到巅峰，到乾隆年间，淮扬菜系已经成为全国四大菜系之一。淮扬菜讲究追求食物的本味，不时不食，有所谓“醉蟹不看灯，风鸡不过灯，刀鱼不过清明，鲟鱼不过端午”之类的讲究。“灯”是指正月十五，这句话的意思是醉蟹与风鸡的食材都要选正月十五之前的。中国文人饮食中的许多讲究都可以在淮扬菜中看到，这也从侧面反映淮扬地区对中国文化的影响。

淮扬菜在上海、南京和北京的餐饮市场均占有一定的份额，并有相当多的消费群体。这些城市有许多以经营淮扬菜为主的饭店。1949年10月1日晚，中华人民共和国开国大典之后，在北京饭店举行的盛大国宴被称为“开国第一宴”。本场宴会的菜点烹调即由北京饭店淮扬菜厨房一力承担完成。

淮扬菜是一个大的菜系，它的发展是与运河都市的繁荣息息相关的。其实大运河上的美食比比皆是，且时常可以显露出运河时代的痕迹。

比如一种在鲁南、苏北运河沿岸非常受欢迎的小吃——石头大饼。这种大饼用面粉加上适当比例的黄豆粉和小米粉，裹上蛋液，撒上瓜子仁和芝麻，摊成饼，然后在烧热的鹅卵石上烙熟。因为饼是在石头上烙的，所以称为石头大饼，又因为这种饼在运河上的跑船人那里特别受欢迎，且又循着运河一路流传到南方，所以又有人将其命名为“运河石头大饼”。运河石头大饼现在已经成了山东台儿庄的一道名吃，许多到此旅游的人都会去尝一尝。按照现在的说法，其实这也是将文创与美食结合的一种做法，是运河文化给了这种寻常小吃特别的身份，令它有了可以变身“网红小吃”的特质。

类似的美食有很多。一旦运河沿线的某个城市有了口味较佳的美食，就会因运河的便利而迅速传遍全国，成为全国闻名的名吃。比如德州扒鸡就是随着漕运的繁忙而传遍全国，成为名吃的。

关于德州扒鸡的来历，许多人都大致了解：有一位烧鸡店老板贾建才，他的伙计因睡着没有及时关火，而把烧鸡炖烂了，哪知歪打正着，这种鸡反而特别受欢迎，于是扒鸡就产生了。元末明初，大运河取道德州，这里迅速繁荣起来，挎篮叫卖烧鸡的小伙计，经常出现在运河码头、水旱驿站。这位贾老板的烧鸡店就开在运河码头旁边。清康熙三十一年（1692 年），贾老板无意间“研制”成功特制烧鸡，即大火煮，再小火焖，直到骨肉酥软为止。贾老板委托自己的一位姓马的秀才朋友命名，这位马秀才脑洞大开，起了一个“五香脱骨扒鸡”之名，从此德州扒鸡开始大受欢迎。到了民国，虽然运河已经不再像以前那么繁盛，但津浦铁路和石德铁路正好在德州交汇，这又给了德州扒鸡新的兴盛机会。

由此可见，交通要道历来是美食走红的一大要素。在运河时代有许许多多的美食故事，相信有心的朋友会比我更了解。

追溯城市记忆，防止“千城一面”

在差不多20年的时间里，我经常在各种各样的场合呼吁保护大运河。中国大运河申遗成功后，我也没有停止这种努力。我是一个老文物工作者，但同时我也曾参与过一些城市的规划工作，对于现代城市的规划，我始终给予很大的关注，并且经常十分忧虑。我最忧虑的，就是四个字——千城一面。

我们在这一章讲“依河而居”，讲运河城市的历史，回忆那些因为一条河流而带给我们的温暖回忆。我想，我们讲运河城市的历史和故事，也是为了找到每一座城市的灵魂，只有找到了城市的灵魂，才有可能防止泯灭个性，千城一面。

对于众多的运河城市来说，大运河的过往，大运河的现在，都是城市灵魂所系。

在全球化和城市化的今天，城市能不能保持独具的城市文化特色，发扬城市优秀文化传统，实现城市新的文化理想，这是一个艰难的行程，也是一片广阔的天地。中国是世界上拥有历史性城市最多的国家。在长期的文化遗产保护和城市文化建设实践中，创造了“历史文化名城”这一具有中国特色的保护制度。以国家名义核定公布的历史文化名城已经超过 100 座，在国家经济、政治、文化和社会生活中产生着日益广泛的影响。每一座历史文化名城都积淀着昨天的文化底蕴，实现着今天的文化理想，迎接着明天的文化辉煌。历史文化名城更加受到经济、政治、文化、社会、环境发展及转型的综合影响与相互作用。

拥有文化内涵及历史视野的城市决策者，都应该懂得珍惜每一处具有人文价值的历史城区、传统建筑以及文化街区。人们通常以现代化发展、生活方便和改变历史城区“落后现状”等理由来为破坏辩解。但是，不能打着“现代化改造”的旗号，以毁灭珍贵的历史文化遗存和景观为代价，来换取现实的经济利益。我们不能忽视，那些饱含沧桑的古城的每一处角落，正是城市独具特色的文化财富。

今天，几乎任何城市的建设都不可能从“白纸”上开始，而是在城市中建设城市，用文脉延续的手法融合各类已有的城市空间，使新旧城区共同组成和谐的整体。融合的过程就是有序演进的过程，这个过程来自对于城市发展动态、生长和变化特性的认识。新老城区之间虽然有明显的时间梯度印痕，但是只要建筑尺度和城市设计层面上的街廓单元控制得好，就能够给人们呈现出丰富多样、统一而有变化、有序而多元的整体感，就能把握好尺度均衡和创新性的关系。历史城市的发展强调的正是这种城市空间的连接和融合，表现在历史与未来、城市空间与自然环境、人与建筑以及建筑与建筑的对话上，通过对话、融合创造出宜居的城市文化空间。

“城市复兴”是面对挑战及时抓住机遇的一种积极回应，是召唤出一种巨大的创造力，满足艺术、科学、教育、环境、经济、技术、文明建设和社会发展等各领域的需要，并从各个不同的方面，全方位改善人们的生活，给世界带来满园春色。这样的城市复兴拥有巨大的潜力，能够以和平的方式来改变人类的生存状况和世界体系，它的主要做法便是把人类从一个以物质主义和市场为主导思想的时代解放出来，迈进一个以人、人类幸福以及环境福利为主导思想的时代。在文化遗产保护和城市文化延续的前提下重新审视城市的功能，虽然可能延缓城市发展中某些短期行为，但是获得的却是城市的恒久价值。

近些年来，我国城市化进程明显加快。作为现代化程度衡量指标之一，城市化无可厚非。只是，当前许多“激情”发展中的城市，包括众多具有悠久文化传统的历史性城市，正处于整齐划一的无设计状态中，渐渐失去了与其他城市的区别。“千城一面”会使城市失去其固有的文化特征，也失去城市的“根”与“魂”。

人们可以看到，不少城市的规划设计渐趋相同面貌，追求大规模建筑群和大体量建筑物，旧城开发造成建设性破坏，建筑设计缺少文化内涵，设计的民族传统、地方特色不断失落，日益加剧的“商业化”“人工化”和“城镇化”严重影响了“文化城市”重要载体——文化遗产的生存环境。

如果我们不是将“功能城市”与“文化城市”相对立，如果我们在历史性城市的规划设计中充分考虑到城市的文化特点，将文化遗产和城市特色作为城市形象的基础，历史文化遗产就不会被视为城市发展的包袱，而是城市中无可替代的重要财富，是城市可持续发展的资本和动力。

读者朋友想必已经注意到，大运河的保护连接着沿线众多城市的社会经济发展，维系着沿岸千百万民众的记忆与情感。因此，大运河的保护要有利于提升沿岸城市的文化品位、维护沿岸城市的历史风貌、改变“千城一面”的城市面孔、保持生机勃勃的地方特色，要使沿岸民众在保护工作中真正受益，这样才能使大运河的保护工作得到民众的衷心拥护和持续支持。

大运河保护犹如万里长征，我们只是迈出了第一步，今后的工作不仅任重道远，而且困难重重，为了实现这一伟大奋斗目标，我们尚须付出极大的努力。

多年来，我国各地政府抓经济、促生产，齐心协力奔小康，多以经济指标为导向而忽视了“软实力”的增长与促进。尤其是在城市化进程中，过于强调城市景观的现代化与壮观恢宏，而对民众最基本的需求和人文关怀有所忽视。一些城市追求建成“现代化大都市”，伴随着高楼大厦、车水马龙的却是人口密度迅速增加，基础设施严重滞后，城市超负荷运转。更有甚者，一些城市抛弃了当地原有的文化传统和建筑风格，“改造”“升级”或者拆迁、摧毁、驱逐了“老土”过时的物质和非物质文化遗产，地域特征、民族特质、文化特色减弱乃至消失；与此同时，即使是钢筋混凝土的新面貌，也因其一拥而上、未及深入探索而未形成自我面貌和特质。这就像寿陵余子学行于邯郸那样，“未得国能，又失其故行矣”。

更有甚者，国外的许多著名设计公司似乎也在迎合这种浮躁心态。有专家介绍说，全球最大的 200 家国际设计公司中，近 70% 在我国有业务活动，甚至建立了分支机构。无论是“高大上”还是“新奇特”，无论是“土豪金”还是“科技银”，无论是“复古派”还是“火柴盒”，只要地方政府或开发商提出需求，他们都能根据设计费高低和客户的倾向予以满足，让很多不合理的想法有了实现的可能。

在这种情况下，一些刻意追求新奇独特、造型奇异的规划设计方案，与急功近利、急于推陈出新和追求政绩的城市管理作风相结合，催生出了一批所谓地标建筑。这些建筑在外观上迥异于当地的传统文化、地域文化和民族文化，不讲究文化品位，就那么突兀地拔地而起，很“辣眼睛”。尤其是一些建筑造型过于独特，违背科学的力学原则，使得建筑工程的承重结构在受力、构造上不合理，不仅浪费大量的钢材、水泥和资金，在施工中也增大了困难，给结构安全和工程质量带来隐患。

王梦恕院士曾说：“一些本来很简单的设计，却要搞得非常复杂，仿佛不这样就无法显示出自己的水平本领来，这其实是一种病态的设计理念。”张锦秋院士对我国建筑设计领域的问题也深有体会，她认为：“现在许多有争议的建筑设计，虽然是由建筑师绘制，但其设计要求却来自领导思想、长官意志，什么‘新、奇、特’，什么‘一百年不落后’，这些提法大都出自各级领导之口。”

城市是文明的标志，文化是城市的灵魂，必须强调文化在城市建设中的核心地位。当前，一些城市到处是繁忙的建设景象，整个城市就像一个大工地，无节制地快速蔓延，破坏了城市中原有的公众生活空间，在有意无意间失去了城市原有的个性，陷入盲目模仿的泥潭。一个真正充满活力的城市、应该给予人们鲜活的城市印象和记忆。

作为人类遗产，大运河不仅是规模庞大的航运工程体系，同时又是规模巨大的文化遗产廊道。作为仍在沿用的大型古代水运和水利工程，沿岸有很多重要的文化景观遗产。人们在长期的历史发展过程中，倚靠运河，根据不同的自然生态条件，不断延续、创造和发展着不同的文化景观。这些文化景观突破了以往文化遗产的范畴，以更具生机的要素结合和更为复杂的文化内涵，在更大尺度的自然地理环境背景中进行拓展和延伸。

作为活态遗产，变迁是大运河及运河沿线城市发展中与生俱来的性格。在城市化快速发展的大背景下，如何控制变迁、强调延续、传承文脉、维系生态将是运河城市需要不断深化思考的课题。我们希望看到运河城市能够在大运河文化遗产保护的同时，将城市的发展纳入一个与历史联系、与文化联系、有血有肉有生命的动态系统中。

作为独特文化遗产的大运河见证了诸多运河城市的生命历程，这些历程是运河城市最为宝贵、最为独特的文化优势。我们迫切呼唤运河城市能够合理保护运河并利用大运河追溯城市记忆，丰富城市生活内涵，顺应城市肌理，让运河名城的古今设计根冠相连。我们期待人类的文化智慧为运河城市注入新鲜的血液，期待现代化城市让古老的运河焕发蓬勃生机！

大运河小百科：北京烤鸭与运河

北京烤鸭是中国北京传统名菜。以北京填鸭为主料，烤制而成。

北京烤鸭的特色是色泽红润，皮脆肉嫩，腴美醇香。北京烤鸭有多种吃法，通常是将烤熟的鸭子，趁热片成片，蘸甜面酱，加葱白、黄瓜条，用特制的荷叶饼卷着吃；也可将酱油和蒜泥拌匀，同烤鸭肉一起用饼卷着吃；喜食甜的，可以蘸白糖吃；用空心芝麻烧饼夹烤鸭肉吃，味道也极佳。片净肉的鸭骨架还可以加白菜、冬瓜熬汤，别有风味。

北京烤鸭已有约 300 年的历史，而烤鸭的历史则更为悠久。从宋代到元代的古籍中，都有关于炙鸭、烧鸭（均为烤鸭）的文字记载；到了明代，烤鸭成为宫廷美味之一。不过那时的烤鸭是用黑色羽毛、体形瘦小的南京湖鸭烤成，称为金陵片皮烤鸭。北京烤鸭的产生，是同北京填鸭的养殖成功分不开的。自从明成祖于 15 世纪初由南京迁都北京后，每年从运河船运大量江南粮米进京，遗落河内的粮米不计其数。北京运河一带的鸭子，长期以这些散落的粮食为食，体形、肉质逐渐起了变化，后又经不断改良，特别是借鉴南北朝时即有记载的养鸭“填嗉”法，创造了人工填鸭法，经过人工填肥，培育出了毛色洁白、体态丰满、肉质肥嫩的新品种——北京鸭。用北京填鸭烤出的鸭子，其鲜美程度远远超过以往的各种烤鸭，因此被称为北京烤鸭。到了清代，在北京专门经营烤鸭的饭馆已有几十家，比较著名的有便宜坊、全聚德、六合坊、金华馆等，并有焖炉烤、叉烧烤和挂炉烤等不同的烤制方法。

捌

精神的航道

大运河是典型的线性文化遗产，从历史的角度看，大运河在隋代以后的历代都是国民经济的命脉，维系着国家的政治、经济生活运转。而到了今天，大运河的文化意义就显得比其他属性更为重要。连通南北的大运河，是文化的航道，也是信仰的航道。

水路即戏路

2017年9月，故宫的畅音阁戏曲馆开馆。开馆的当晚，出席“太和·世界古代文明保护论坛”的21国专家学者和3个国际组织代表、与会嘉宾在畅音阁欣赏京剧、昆曲等国粹演出。媒体报道说，这是畅音阁舞台百年来首次真正“唱大戏”。畅音阁戏曲馆位于紫禁城宁寿全宫。这组建筑群是乾隆帝为自己退位后养老而改建的，相当于紫禁城的缩小版，分前后两部分。后部又分三路，畅音阁属于东路。畅音阁（戏楼）、扮戏楼（后台）和阅是楼（观众席）组成了一座完整的“宫廷大戏院”。今天我们看到的畅音阁是嘉庆年间及以后修缮过的形制，是唯一一座清代乾隆时期保存至今的三层大戏台。

虽然已有百余年未进行过戏曲表演，但畅音阁和阅是楼区域一直是具有戏曲元素的，早在1950年这里便举办过“清代宫廷戏曲资料展览”，1983年开辟了“戏曲资料陈列馆”，2004年举办“清宫戏曲展”等。

2017 年，我们对戏曲馆进行提升改造，着力强调宫廷戏曲的独特性，彰显畅音阁建筑的“大剧场”特色。通过新的参观流线设计，将扮戏楼纳入展览，贯通扮戏楼、畅音阁、阅是楼三个空间，令观众一睹剧场全貌。

2018 年，安徽的演出团体来这里演出，再次引起媒体的关注，有报道戏称为“徽班再进紫禁城”。虽是戏言，却也引人遐想。在第一章里我们谈到过，紫禁城是从大运河上漂来的，而从某种意义上说，京剧也是从大运河漂到紫禁城，又从紫禁城红遍北京城，再沿运河漂向全国的。

中国的戏曲产生于元，繁盛于明清，今天我们戏曲舞台上的许多剧种，都是在明清时期发展起来的。这是因为中国的市民社会是在明清时期才发育成熟。有了城市，才有了聚集的人口，有了聚集的人口，才有了诸多共同的腔调与故事。而中原地区和东南沿海地区是中国率先发展出大中型城市的地理空间，前面我们已经讲过，这个区域里的大中城市大都与大运河有关。古代的戏班要不停地更换城市，才能常演常新，这种巡回演出的形式，在古代叫作“跑码头”。码头，多半是指内河的码头，也就是多半是指运河码头，所以在传统戏曲界，向来有“水路即戏路”的说法。大运河沿岸的北京、扬州、苏州、杭州等城市是全国最重要的戏曲活动中心。这些城市，尤其是苏州和扬州，之所以能成为戏曲活动的中心，某种程度上都得益于大运河。明清两代的苏州和扬州是商人、士绅聚集的城市。前面我们讲过扬州的盐商，他们除了有钱之外，还特别有文化追求，普遍喜欢“俳优伎乐，恒歌酣舞”，所以当年的扬州戏院、茶楼、书场都十分普及，南北的戏曲团体在这里争相献艺。

一直到著名的徽班进京发生之前，在运河流域以及传统仕人、文人中最有影响力的是原产自苏州的昆曲。清中叶李斗在《扬州画舫录》中将各类剧种分成两部分，昆曲称为“雅部”，其他剧种称为“花部”。花部涵盖范围很广，京腔、秦腔、梆子腔、罗罗腔、二黄调等都属此类。

以演唱“二黄调”为主的徽班，在扬州盐商中多受追捧，这是因为盐商中以徽商为最多，所以徽班也在扬州获得了许多的演出机会，并且得到了长足的进步。戏剧是一门实践的艺术，好的剧目都是在千百次地上演、与观众互动后，再经过名角加工修改才成为名剧的。古今中外，不管是莎士比亚的戏剧还是梅兰芳的戏剧，都是在不断演出中提升的。徽班在扬州长年演出，事实上已经非常成熟，具备了大戏班的班底，这样借助进京为乾隆祝寿的机会，徽班得以全新亮相。

一般认为中国京剧的产生即源于所谓“四大徽班”进京，乾隆五十五年（1790 年），乾隆皇帝八十大寿，朝廷命浙江盐务承办皇会，闽浙总督伍拉纳便派遣“三庆班”进京贺寿。三庆班是扬州的四大徽班之一，此外还有“四喜”“春台”“和春”三班。

四大徽班进京的时间并不一样。艺人们从扬州运河乘船北上，运河越往北，河道的情况也越复杂，行程也就越慢，所以徽班在等待过闸的间隙，也恰好一路演出。他们与运河沿岸的许多地方戏曲交流，使本来已经十分成熟的徽班戏变得更加丰富多彩，最终在紫禁城一炮打响。四大徽班先得到了皇帝的认可，又在京城百姓中频繁演出，并与昆曲、汉剧、乱弹等剧种经过几十年的融合，最终形成了京剧。一般形容京剧会说它具有“中州韵，湖广音”，而不管是中州还是湖广，其实都与安徽的地方戏不是一回事，这不能不说是借助扬州这个运河城市，徽班得以发展壮大，又得益于运河沿岸的演出，最终在大运河的终点北京，塑造出了真正的“国剧”。

进京的只有四大徽班，扬州的其他徽班仍在传承发展。咸丰年间为了躲避战乱，一些班社向东来到今天江苏中部的里下河流域演出，因更多地保留了徽戏的表演程式和特色，这些班社被称为“里下河徽班”。同治年间，里下河徽班在无锡、苏州一带演出，并有艺人开始进军上海，他们与从北京来的京剧班社共同演出，进一步地融合发展，成就了所谓的南派京剧。南派京剧的代表人物周信芳，便是从淮安南下，到上海滩一举成名的。京剧在上海流行开来后，京剧班社又继续沿运河传播，他们乘舟而行，在河汊交错的水乡一路巡回，人称“水路戏班”。水路戏班的嗅觉灵敏，善于捕捉新的艺术形式。他们一开始是以演昆曲为主，到了同治、道光年间，就以京剧为主了。这一批在大运河上巡回演出的京剧班社，称为“杭嘉湖水路京班”。

在浙东运河的起点绍兴，水路上的戏班已经活跃了许多年，他们演出的形式是绍兴的地方小戏。但到了 20 世纪 20 年代，小戏班突然不受欢迎了，原因是京剧开始在江南普及，这种复杂的艺术形式吊高了观众的胃口。小戏班开始向京剧学习剧目和表现形式，改良提升后的这种戏被称为“绍兴文戏”。1925 年，上海的报纸上首先出现了一个新的剧种名称——越剧。此后，具有江南特色的越剧蓬勃发展，最终成为第二大剧种。

徽班进京只是运河上戏曲文化传播的一个最著名的例子，实际上，从运河开通的那一天开始，各种各样的戏曲就在运河上流传。中国元代最重要的剧作家关汉卿一生创作了 60 多部戏剧，而关汉卿的创作现场，一半是在京杭大运河北端的大都（北京），另一半则是在运河南端的杭州。关汉卿在元统一中国后，从运河南下，经扬州停留后，最终抵达杭州。根据关汉卿原著改编的越剧《救风尘》《拜月亭》等至今仍在杭州一带长演不衰。

另外一个比较典型的例子是一种名为“柳琴戏”的地方戏曲。柳琴戏在苏北、鲁南、皖北、豫东等地十分流行，当地人称之为“拉魂腔”。徐州市的剧团去上海演出时，觉得“拉魂腔”这个名字不好听，就改称“柳琴戏”。拉魂腔沿着运河流传，在不同的地区有不同的名字，在安徽泗县叫泗洲戏，也有的地区叫淮海戏，但戏曲研究者发现，这些剧种本质上相似，都是由“拉魂腔”发展而来的。“拉魂腔”的发展与运河息息相关，清末民初，山东枣庄的“拉魂腔”戏班已经具有一定规模，尤其在台儿庄一带十分活跃。假如没有运河带来的流动人口，一个小镇肯定养活不了这么多的戏班。拉魂腔的传播就更具有运河色彩，安徽的泗阳、灵璧、宿州、蚌埠、滁州等靠近京杭大运河的地区都留下了拉魂腔的足迹，而不靠近运河的地区则较为少见。

在京津冀地区流传较广的评剧，也可找到与运河相关的元素。一般认为，评剧起源于唐山的蹦蹦戏。但是研究者们发现，评剧还有一个源流，就是诞生在京杭大运河北运河畔京津地区的莲花落，在戏曲研究者的表述中，这一起源被称为“西路评剧”。西路评剧约形成于清代光绪初年，当时京津地区北运河畔的农民受到京剧、河北梆子和莲花落的影响，自发在农闲时组织了唱“莲花落”的班社以为副业。莲花落是一种民间说唱形式，主要伴奏乐器是用绳子连在一起的七块竹板（又称节子板），分角色坐唱演出。这些小班社在演出中逐渐融各家唱腔和表演形式并有所发展，形成了新的曲艺形式——西路评剧，又称北京蹦蹦戏、京东落子。西路评剧带有浓郁的北运河乡土气息，内容通俗易懂，演唱生动活泼。其唱腔受河北梆子的影响，高亢激昂，与唐山一带的东路评剧差异很大。西路评剧曾在北京成功演出，兴盛一时，但到了 20 世纪 30 年代为东路评剧所取代。

天津：从“方言岛”到杨柳青年画

因为大运河北段的断流，现在的人们说起大运河，很少会想到天津这座城市。天津有海河，也是我国最重要的港口城市之一，但天津这座城市却是因大运河而形成。

今天的海河之上，有一个巨型摩天轮，它的名字叫作“天津之眼”。这里是天津的地标，也是天津起源的地方，在过去的几百年间，都被当地人称为“三岔河口”。《天津卫志》载：“三岔河在津城东北，潞、卫二水会流。潞水清，卫水浊，汇流东注于海。”作为子牙河、南运河、北运河的三河交汇处，这里在元代后成为南粮北运和水上运输的集散地，人口聚集，日益繁盛，有“先有三岔河口，后有天津卫”之说，被称为“天津摇篮”。

忽必烈定都大都（今北京）后，即开凿京杭大运河，京杭大运河临清至三岔河口的大约400千米河道，被称为南运河，三岔河口到通州的100多千米被称为北运河。南北运河贯通后，为满足京城更多粮食物资的需要，元代也同时开海运，而海运的终点，即是天津。三岔河口，从此成为运河航运及海运的交汇处，人口激增，一座城市就开始显现了。从这个意义上说，其实天津同样是一座运河缔造的城市。

许多语言学的研究者曾述及天津的“方言岛”，也就是说，我们所熟悉的那种在相声、小品里经常听到的天津话，只是在天津城区一部分区域内的口音，而出了这个区域，北边的口音像北京话，南边的口音像唐山话，都与这个区域内的天津话有明显的差异。研究者们进一步调查发现，这个区域内的天津方言，其实是来自安徽南部和江苏南部一带。明代在天津筑城设卫，驻守在这里的士兵，多是朱棣从淮南招募，他们在这里驻扎下来，再与当地语言融合，最终形成了后来的天津话。

天津因运河而繁荣，大运河给天津带来的除了粮食和盐，还有文化的交融与繁荣。妈祖崇拜、桃花坞年画、园林文化，都从南方一路北上，在天津与当地文化融合，形成了杨柳青木版年画、水西庄等一大批特色文化；另一方面，随着人流的增加，各色方言杂然相间，天津话开始了融合重铸的过程，一些诙谐、幽默的平民文化开始出现，这也是天津成为三大相声发源地的原因之一。

天津一直是戏曲演出的重要码头，如果一部戏、一个戏班能在天津演火了，大概在全国各地都能受到欢迎。天津的观众懂戏，也特别挑剔，在天津演出对艺人是一种考验。而要说到曲艺，天津就更是一个“大码头”。地处通往北京的咽喉之地，又具有运河航运和海运的双重使命，历史上的天津就是一个五方杂处的城市。不断涌入的外乡人带来了各地的娱乐形式，多种声腔曲种在天津激烈竞争、相互借鉴，最后汇集而成的是天津多元而丰富的市民文化。这是造成天津曲艺活动繁荣的缘由，天津也因此诞生了一大批曲艺名家。曲艺界素有“北京是出处，天津是聚处”的说法，在天津能站住脚的演员，才能走向全国。南方的许多城市，都到天津来“邀角儿”。久而久之，在业内就形成了一个不成文的共识，演员要想扬名立万，一定要到天津演出，让天津观众认可。

天津本土的文化艺术中，杨柳青年画也是在运河的作用下才产生并发展壮大的。杨柳青是天津的一个地名，位于大运河的沿线。杨柳青地区的年画产生于明末清初，繁盛时，杨柳青镇的年画作坊有 300 多家，做年画的队伍有 3000 多人，包括附近的周家庄、李家庄、赵家庄、古佛寺、炒米店等 32 个村庄都在印制年画，堪称“家家会点染，户户善丹青”。

杨柳青年画的题材广泛，种类繁多，在大的类别上，最多见的是娃娃类，比如最出名的《连年有余》就是一个大胖小子抱着一条鱼。还有民俗类、仕女类、民间故事类、神像类等，都是与百姓的生活愿景息息相关。

杨柳青年画的工序非常多，光画人物的脸部就需要 20 多道程序，制作过程中细腻的笔法、柔和的笔触都几乎已经成为年画的“生产标准”。明清时期，杨柳青年画所用的宣纸、颜料甚至棕刷等材料工具，都是通过运河由南方运来的。这些材料工具在江苏、安徽一带素有生产传统，其工艺水平在当年是遥遥领先于北方的。可以说，假如没有大运河如此便利的运输条件，杨柳青年画的生产水平肯定会受到限制。

中国传统的木版年画除了杨柳青之外，苏州桃花坞也是邻运河的市镇，而像其他几个著名的年画基地四川绵竹、开封朱仙镇等也没有偏离内河航线。

2006 年，杨柳青年画被列入国家级非物质文化遗产名录。如今流经杨柳青古镇的大运河也已成为世界文化遗产。

宗教传播与民间信仰

山东德州市的北营村有一座苏禄王墓，这是我国现存的两座外国君主陵墓之一（另一座是位于南京的浡泥国王墓），也是中国唯一的驻有外国王室后裔守陵村落的异邦王陵。“苏禄国”即是今天的菲律宾，一个菲律宾的君王为何会客死中国，又安葬于山东德州呢？

明永乐十五年（1417 年）秋，苏禄国东王巴都葛叭答剌率领 340 多人的庞大使团来中国访问，这是他们在郑和下西洋之后的回访。使团在北京受到了永乐皇帝朱棣的亲切接见，此后，使团乘船沿京杭大运河南下，准备回国。

不幸的是，苏禄国东王身染风寒，无法治愈，竟然在运河边的水馆驿溘然长辞。永乐皇帝遣使者吊唁慰问，以中国王爷的规格予以安葬，并赠谥号“恭定王”。永乐帝亲撰碑文，令东王长子率众回国继承王位，王妃及次子、三子等留下守陵。苏禄王的这些亲眷从此就在德州定居，繁衍生息，在其聚居地形成了一个村子——北营村。

顾炎武就曾在《过苏禄东王墓》一诗中说："丰碑遥见炳奎题，尚忆先朝宠日殚。世有国人供洒扫，每勤词客驻轮蹄。九河水壮龙狐出，十二城荒向鹤栖。下马一为郯子问，中原云鸟正凄迷。"

一桩发生在运河上的意外事件，使得一些异族人留居在德州，苏禄王墓也成为这里最重要的文物遗迹。苏禄王墓的墓道旁对称排列着翁仲、石狮、石虎、石马、石羊和华表等祭祀石像。东南方向约 100 米处建有御碑亭一座，碑文系永乐皇帝朱棣在东王逝世后的第二年（永乐十六年，1418 年）亲撰，原御碑亭被毁，后东王的 16 代孙安树德捐资再建。这位安树德一直追随冯玉祥将军，曾做过师长。东王墓高 4 米，直径 16 米，墓前祠庙有正殿五楹，正中悬东王画像，东西配殿各三楹，大门三间，周围配以长廊。大门内立"苏禄国东王墓简介"碑。

苏禄王信奉伊斯兰教，故苏禄国东王墓大殿外的路西亦建有清真寺。东王后裔在此地居住，也将菲律宾的许多生活习俗带入当地。一直到现在，北营村许多清真小吃仍然十分有名。据说，像烙锅饼、烙麻酱烧饼之类，都是东王后裔先开始做的。

苏禄王的后裔也在德州传播了伊斯兰文化，而事实上，从明代起，伊斯兰教在大运河区域的传播就十分明显。有着经商传统的穆斯林沿着运河城镇经商定居。在明代的两个都城南京和北京都有穆斯林聚集区，南京有净觉寺、六合南门清真寺、花牌楼礼拜寺等。在北京则有牛街清真寺、东四清真寺等。在运河沿线的沧州、泊头、枣庄、济宁、临清等地也都建设了一定数量和规模的清真寺。

明代永乐年间，水利名臣陈瑄任漕运总兵官督管漕运，清江船厂就是由他倡设的。永乐七年（1409 年），淮安、临清创办清江、卫河二船厂。据《漕船志》记载，“南京、直隶、江西、湖广、浙江各总里河浅船俱造于清江，遮洋海船并山东、北直隶三总浅船俱造于卫河，大约造于清江者视卫河多十之七”。船厂每年能正常造船400~700艘左右，还要修补各类旧船。与这样的规模相应，造船工匠自然也是数量惊人，有六千余人。这些来自全国各地的工匠，尤其是沿海诸省的工匠，以及在南北漕运线上生活的穆斯林也将伊斯兰教信仰带至清江船厂，建起清江古清真寺。与清江的情况类似，在浙东运河沿线也有许多建于明代的清真寺。

沿运河传播的当然不只是伊斯兰教。前面我们曾提到过妈祖崇拜在运河沿线的传播，妈祖主要是海港地区所推崇的保佑出海平安的神灵，但海运与运河在许多时间点和地点上是重合的，做海运的商人，或许也做过内河航运，所以妈祖崇拜也被沿运河的许多地区所接受。宋代杭州艮山的顺济圣妃庙和镇江的灵惠妃庙就是运河沿岸最早的妈祖庙（天后宫）。元代时，运河河畔已经有了许多妈祖庙，到了明永乐年间禁海运之后，妈祖则几乎成了运河沿线普遍的信仰。当时在山东张秋的显惠庙和济宁天井闸的天妃宫均为官方建设，而在德州等地则有福建商人建造的妈祖庙。海运禁止后，妈祖从海上转入内陆，也是因为从事海运的商人转入运河航运，同时将他们的信仰也一并迁移过来。

但是其实，在大运河上也有专门佑护漕运和堤坝安全的神灵，称“金龙四大王”。如同妈祖的形象是由林默娘的故事转化而来一样，金龙四大王也是一个历史上真实存在的人——南宋文人谢绪。南宋覆亡后，谢绪投水殉国，所以留下忠勇的名声，被后世尊为水神。最早记载谢绪生平事迹的是南宋遗民、吴县（今苏州市吴中区）徐大焯的

《烬余录》。书中明确记录，谢绪为会稽人，“秉性刚毅，以天下自任。咸淳辛未，两浙大饥，尽散家财振给之，知宋祚将移，构望云亭于金龙山祖陇，隐居不仕……国亡，绪北向涕泣，再拜曰：‘生不报效朝廷，安忍苟活。’即草一诗云：‘立志平夷尚未酬，莫言心事付东流。沦胥天下谁能救，一死千年恨未休。湘水不沉忠义气，淮淝自愧破秦谋。苕溪北去通流塞，留此丹心灭寇仇。’吟毕赴水死。”这是对谢绪较为平实的记载，没有羼入神迹。但是到了明代有了神异化色彩，正统十三年（1448 年）大学士陈文有《重建会通河天井闸龙王庙碑记》，记载济宁天井闸旧有金龙四大王庙，岁久颓毁，漕运参将汤节率僚属捐资重修。

谢绪与金龙四大王的形象重合，应该是明中叶以后的事情。明代著名文人徐谓的《金龙四大王庙碑记》中，有明太祖朱元璋在战事中遇神灵相助而反败为胜，并诏封“金龙四大王”的故事。此后，明清两代都将“金龙四大王”列入国家祀典，使之成为官方正统的河神，而他专门的职能就是防洪护堤、保佑漕运平安。

在朝廷、文人、漕军、运丁和商人的共同拥戴下，金龙四大王在运河沿线的影响不断扩张，杭州、镇江、济宁、聊城等地均建有金龙四大王的“神迹”。如前文所提到的聊城山陕会馆中，大殿奉关帝，南殿祀火神，北殿供奉的便是金龙四大王。清代之后，漕运的压力越来越大，朝廷对漕运的安全也就格外重视，金龙四大王所能起到的安抚作用也就越来越受到统治者的关注，所以他的地位就不断提高，到了光绪五年（1879 年），金龙四大王的封号为“显佑通济、昭灵孝顺、广利安民、惠浮、普运、护国、孚泽妥疆、敷仁、保康、赞翊宣诚、灵感、辅化、襄猷、溥靖、德庇、锡佑、溥佑、金龙四大王”，叠床架屋，前缀多达 44 个字。

此外，在运河流域广有影响的神灵还有“碧霞元君”。碧霞元君原是泰山上供奉的女神，随着运河的繁荣，碧霞元君的形象也出现在许多沿运河城市。中国传统的宗教信仰具有泛神论与民间宗教的特点，朝廷所倡导的神灵的“职能”也往往是多样性的，所以在某些沿运河地区的“泰山娘娘庙”里，也可以看到保佑风调雨顺、堤闸安全之类的民间诉求。至于治河保漕的龙王，更是比比皆是，他们是老一辈的神灵，在运河的许多码头上，都有官方建设的龙王庙。

运河与明清小说

大运河与中国古代的社会具有一种同构同生的特点。明代之后，运河沿线的许多城市开始繁荣发达，江南一带还出现了资本主义的萌芽。都市的兴起，使得市民文化得以发展。在文学的发展历史中，明清时期小说佳作大量出现。而今天我们再去看明清小说中的佳作，我们会发现，这些作者几乎都是生活在运河沿线的。

总体上看，明清通俗小说的创作主体主要是京杭大运河沿岸的文人与民间说唱艺人。明代，通俗小说的作者主要出现在江浙一带。而江浙两省的通俗小说作者又大都出现在江南运河沿岸或与之相邻地区中，这其中又以杭州和苏州最多，像陆云龙、杨尔曾、周楫、李渔、冯梦龙、袁于令、金圣叹、毛宗岗、褚人获等。清代小说作者的地域范围稍有扩展，但仍是以运河沿线为主。

比如明代的四大奇书中，《水浒传》的作者施耐庵与《三国演义》的作者罗贯中都曾经在杭州生活过，甚至有学者认为，罗贯中就是杭州人。《西游记》的作者吴承恩是江苏淮安人。而作者不可考的《金瓶梅》，除了故事主要发生在山东运河沿岸的城市外，其署名“兰陵笑笑生”中的兰陵指的是峄县（在今天的枣庄市），也是运河沿线的城市。清代著名小说的作者中，《儒林外史》的作者吴敬梓三十多岁就来到南京卖文为生，后客死扬州；《红楼梦》的作者曹雪芹自幼在“秦淮风月”之地的“繁华”生活中长大，先后在南京、扬州和苏州等地生活过，后来才随家人迁回北京。

这其实是自然而然的，在明清两代，京杭大运河沿岸的城市对文人的创作形成了一定的影响，才使得那些故事性较强的小说得以产生。另外，明清小说是在宋元话本的基础上发展而来的，话本是“说书人”的底本，还具有较强的民间色彩。《三国演义》《水浒传》都是经过民间艺人千百次的演绎，才形成了小说的雏形，再由作家创作而成。明清小说拓展了市民生活题材，除了才子佳人的传统故事外，许多商人成为小说的主角。这是当时社会结构发生某些变化，商人成为新兴的社会阶层，对于社会生活的作用越来越突出的原因，也是作者生活在商人活跃的市民社会中的原因。当时，在杭州、苏州、扬州、镇江、淮安、济宁、临清、天津、北京等重要的商业城市中才有这样的故事，也才有这样的作家。

更典型的例子是冯梦龙创作的短篇小说集《三言》。《三言》的某些故事也有较强的民间性，但到了后期，基本上形成了原创性的独立文学体裁，而且其主要的内容就是市民生活。冯梦龙是苏州人，参加科举考试屡屡落第，是一个不如意的文人。他 57 岁那年补了一个贡生，到丹徒县（今江苏镇江）做了四年的训导，后来又去福建寿宁做了四年知县。他长期生活在市民阶层中，熟悉当时的商人生活。《三言》120 篇小说中，写到商人生活和以商人为主人公的小说有 50 多篇，差不多达到一半。有些甚至具体写到一些商业活动内部的规律，在今天简直可以划分到“财经小说”类型中。

相类似的，《二拍》作者凌濛初籍贯乌程（今浙江湖州），他的父亲就是一位出版商，也许正是这个原因，《二拍》中有更多关于商人的小说。他认为当时的社会“以商贾为第一等生业，科第反在次着”。这个观点在中国传统的“官本位”社会中是少见的，也说明当时在运河流域特别是江南运河流域中，商人社会地位很高。

还有《金瓶梅》，有学者将《金瓶梅》看成是小说体的《食货志》，是说作者在不厌其烦地描写当时市民生活中的享乐。其实《金瓶梅》故事所发生的宋代，市民生活并没有那么丰富，但在“兰陵笑笑生”所生活的明代，就已经是小说中的生活情况了。小说中有西门庆的商业经营，如贩盐、卖生药、搜集商业信息和兼并小商业点，故事的发生地点是清河（今山东临清），而不是《水浒传》里的阳谷县（当然，阳谷县也是靠运河的，只是没有临清那么繁华）。因为有了这条贯穿南北的大运河，西门庆的商业往来及其发展、扩张就有了得天独厚的条件。类似的还有清初的小说《醒世姻缘传》，作者把前世姻缘放在了武城县，武城县今属德州，在清代属于东昌府（今山东聊城），也是运河边上的一座城市，地接南北的大运河沿岸，给小说的叙述准备了充足的物理空间。

与前面提到的杨柳青年画一样，明清小说的创作与运河沿岸城市的繁华有关，小说作品的传播也与运河提供的便利条件有关。在运河沿线的发达商埠，刻书业也具有相当规模，这给小说的出版发行带来了极大的便利，也反过来促进了小说的创作。明代前期，通俗小说的刊刻中心在福建建阳。从明代中期后，通俗小说刊刻中心逐渐转移到了杭州、苏州和南京等京杭大运河南运河岸边的城市。在那时已经出现了商业嗅觉敏锐的书商，一有市场前景比较看好的新作诞生，书商便立即参与其中，传刻的速度是极快的。比如冯梦龙的小说一经出版，苏州、南京两地的书商就竞相传刻，广泛印行，短短几年内就不断重印，因此导致《三言》在当时就有多种版本。而用今天的眼光看，冯梦龙的《三言》系列丛书，本身的商业元素就比较多。《三言》的第一部《喻世明言》初刻时名为《全像古今小说》，后来改为《喻世明言》，改名后的特征更加明显，对于目标读者的吸附能力更强，而紧随其后刊刻的《警世通言》和《醒世恒言》具有续编的特点。用今天的话来说，从一开始发行，就是有“IP”的。凌濛初的《二拍》紧随其后，也有跟风出版的特征。这一切都说明，畅销图书的策划、出版、发行在当时就已经颇为成熟。

流淌的史诗

与大运河相关的精神文化遗产远不止前面介绍的那些。中国传统美学历来讲究天人合一，大运河本来就是一个自然与人工合力，运用工程技术和艺术手段，通过改造地形，因势利导而形成的航运系统，因此与人的生产创造活动的关系也就更加密切。

自古以来，受到“天人合一”哲理潜移默化影响的我国历代文人们，欣喜地发现了大自然山水风景之美。经过寻访，人们逐渐揭开这些山水类文化景观因自然崇拜、山川祭祀所披上的神秘外衣，使它们以赏心悦目的本来面目成为人们的观赏对象，并使游览、观赏行为逐渐普遍，一时成为社会风尚。千百年来，名山大川无不留下文人墨客的足迹。

唐代著名诗人李白就留下了“五岳寻仙不辞远，一生好入名山游”等诗句，表明了人们“寄情山水”不仅为了游山玩水，而是一种思想意识，反映出人们永恒的山水情结。而各地的山水风光和文化景观，也往往借助于文化名人的游览活动和文学创作而得以彰显。同时，“寄情山水”的思想也深刻地影响了文学艺术，促成山水文学、山水画的发展。山水文学包括诗、词、散文、题刻、匾联等。山水诗主要以描写大地山川的自然景观和文化景观为题材，还涉及旅行、送别、隐逸、宦游、咏怀、吊古等内容，反映出作者的思想境界、精神品格、生活情趣和审美理想。山水散文往往将写景与抒情相结合，通过对名山大川的实地考察，在所撰写的游记中，不仅记述其亲历的山川风物之美，还涉及构成自然风景的成因，并给予它们科学的推断和评价。山水画无论是工笔或写意，都既重客观形象的摹写，又能够注入作者的主观意志和情感，即所谓“外师造化，中得心源”，确立了我国传统山水画的创作准则。

虽然山水类文化景观中的山水是自然生成的，但是经过人们一代又一代根据各自的审美理想进行的创造性活动，经过传统文化、地域文化的长期浸润，山水的文化属性往往超过了它们的自然属性。山水风景、山水文学、山水画、山水园林的同步发展，形成了我国一种独特的文化现象，即山水文化。我国山水审美观念的形成经历了漫长的历程。从魏晋时代的寄情山水、纵情山水成为时尚，到唐宋时代的山水诗词、山水绘画的流行，经历了山水审美从自觉到成熟的变化，形成了山水美学的基本原理。魏晋以来对山水环境的认识水平不断提升，表现为依据山形水系和地形地貌的丰富变化，合理安排城市布局和景观形象。我国独特的山水文化成为维系、传承与深刻影响古代城市建设山水特质的社会背景，从宫殿园囿的营造，到私家园林的建构，无不与城市、建筑密切联系。深谙山水之道的古代文人，为官则影响一州一县，为民则影响一宅一园。江南私家园林精巧优美、淡雅简朴、宁静幽远、自然疏旷，被誉为“凝固的诗”“立体的画”，它们像诗一样含蓄，像画一样意远，体现着古人关于宇宙、历史、人生的领悟，具备和谐统一的意境美。山水环境审美意识的觉醒，使人们意识到山水环境不仅可以满足生产生活中的物质性功能，而且还可以提供文化生活中的精神性功能。唐宋两代，对山水环境的认识逐渐成熟。特别是宋代以来，人们不但继续深化对山水环境美学价值的认识，而且探索其科学价值，并对城市选址营建产生深刻的影响。这一时期以地形地貌为主要特征的山水城市格局，更加体现出人类与自然的完美融合。同时，近郊山水名胜更是历经千百年的经营、筛选、淘汰，既富自然景观之美，又兼文化景观之胜，呈现出我国独特的山水文化体系与中华民族的人格精神。

大运河是水力设施，在古人利用水利的漫长过程中，形成了具有特色的水利文化，也为我们留下了丰富的水利文化遗产和产业类文化景观。开凿水利工程的初衷往往是引水灌溉农田，“淤积”与“疏浚”便成为历朝历代水利工程建设的主题之一。在每次的开凿与疏浚中，民众都会记住有功人士，以立碑和县志的形式加以纪念。千余年的发展变迁中，虽然水利工程的功能在不断拓展，但是其蕴涵的民本思想却一直延续至今，每个时代的执政者都将“造福于民”的思想体现在“兴建水利”中，从而形成了独特的水利文化遗产特质。古代水利工程和与之相关的文物，例如镇水兽、碑刻、水神庙等，这些水利工程遗存主要分布在野外，与相关历史建筑和自然山水空间格局共同构成独具特色的水利文化景观。从产业类文化景观的角度对水利工程加以再认识，可以发现，它们已经不仅仅是传统意义上的水利工程，而是一处处始终与城市发展紧密联系的文化遗存，从中可以折射出不同时代经济、政治、文化、社会等各方面的状况。因此，水利文化景观保护对于我国而言是文化遗产保护领域的新课题，是具有理性认知、科学探索、广泛合作、公众参与的保护事业，也是充满前瞻性、挑战性、创新精神和活力的保护行动。

比如杭州的西湖，原本是一个自然的生态湖泊，随着历史的演进，西湖逐渐成为一个文化形态的湖泊，在我国山水类文化景观的研究方面具有重要意义。2006 年郑孝燮、罗哲文、周干峙、谢凝高几位专家的《关于建议优先申报西湖为世界文化遗产的函》中就写道：“西湖是东方文化体系中体现人、自然、文化三者完美结合的极为重要的物质文化遗存。西湖最初得自天然造化，自然赋予了她秀美清雅的独特美景，历来为人们所赞赏和称颂。西湖蕴涵着极为深厚的历史文化，与其有关的物质遗存和精神遗产可谓难以计数，影响深远。自然与人文的完美融合使西湖历来就被视为东方文化的象征与典范。”两千年间，人们对西湖的疏浚、治理以及保护、加工，从来没有中断过，形成了具有“两堤三岛”的整体格局和“三面云山一面城”的空间环境特征。因此，可以说西湖“是文化的结晶，是诗化了的自然”，“西湖的文化属性远远超过了它的自然属性”。

如果大家认同西湖是“诗化的自然”这一论断，那我们说大运河这条蜿蜒的长河，是史诗化的自然应该也不会错的。

既是名川大河，又是水利设施，同时也是历史与文化的结晶，这就是我们所要描述的大运河。面对运河，诗人们既可以惊异于“一千余里地无山”，可以欣喜于“策马春风堤上行”，又可以感叹“至今千里赖通波”。它是奔涌的，又是宁静的；是古老的，又是当下的。

随着中国大运河申遗成功，大运河文化遗产保护的全面推进，古老的运河必将再度走进更多人的生活，流淌着民族的血脉，诉说着历史的沧桑，焕发出青春的光彩。

《马德里共识》与“文化线路”

2002年12月，文化线路科学委员会在西班牙马德里召集会议，会议以“与文化景观相关的文化线路在观念上与实质上的独立性”为议题，通过了关于“文化线路”的《马德里共识》。

《马德里共识》认为“文化线路”具有非物质的精神属性和连通古今的可传承性，首次提出“无形的精神具有内在联结多种文化要素，以促进文化线路整体性形成”的观点；同时指出“文化线路”中有形遗产的脆弱性，由于物质遗存多已破坏，或毁之无存，因而“文化线路”中民俗、民间工艺、宗教和文化的传承扮演着重要角色。

《马德里共识》特别强调“文化线路”连通古今的生机，不仅指文化线路中物质文化遗产存留至今的意义，更在于历史文脉与现实沟通互动而注入“文化线路”的文化价值。《马德里共识》专门指出“文化线路”不同于文化景观的实质：“文化线路与文化景观是两个不同的科学观念。文化线路以动态性表征，包括无形的空间动力特征，这些是文化景观所不具备的；文化景观尽管也具有穿越时代的许多特征，但在本质上更具静态性和规定性。通常，文化线路包含许多不同的文化景观。一处文化景观在地理语境中不是动态的，也不及文化线路潜在涵盖的内容广泛，文化线路可能已经生成并继续生成许多文化景观，反之则不可能发生。”

在资源利用上，人们只注意“黄金水道”内河货运量的增长与否，却很少关心运河文化对生态环境、特色风貌、建筑传统等方面的巨大影响。同时，作为流动着的传统文脉，大运河承载着千百年的文化积淀，附载在大运河上的两岸民族民间文化和地方戏曲、民间传说、民风民俗等非物质文化遗产，也由于缺少详细调查和保护措施，有逐渐销声匿迹的危险。没有了故事的大运河将逐渐失去魅力。一些地方不注意对文化资源的积极利用，未将城市规划建设和文化资源保护齐举并重，没有树立长远战略眼光来推动线性文化遗产的保护。一些地方为了吸引游客，在线性文化遗产的保护范围和建设控制地带内，大量修建旅游服务设施，还有的盲目修建索道、滑道、射击场等设施，以及大量商业网点、宾馆、别墅等，超载开发使文化遗产不堪重负，人工化、商业化、城市化的现象十分严重，破坏了线性文化遗产的生存环境，引起社会各界的广泛关注。

大运河小百科：运河“申遗”

大运河保护和申报世界文化遗产历程回顾

国家文物局最早关注大运河遗产保护是在南水北调工程启动的时候。南水北调东线、中线工程在2003年进入实质性阶段，我们开展了包括大运河在内的文物资源调查。我在全国政协会议上提交了一份《关于在南水北调工程中注重文物保护的建议案》，这个建议案提出了在南水北调工程中要注重包括大运河在内的文化遗产保护。这是在大运河文物保护方面最早的提案。

2004年3月，在进行了三次大运河全程调研后，我又提交了《关于大运河文化遗产保护亟待加强的提案》。这是关于大运河文化遗产保护的第一个专项提案，对相关工作起到了一定的促进作用。此后，国务院在2006年批准了京杭大运河整体成为全国重点文物保护单位，这在确定全国重点文物保护单位的历史上，是一次前所未有的创新实践。因为当时长城都没有整体列入全国重点文物保护单位，仅仅是山海关、嘉峪关、居庸关等一些点和段被纳入。

2006年，58位全国政协委员联名提交了《应高度重视京杭大运河的保护和启动申遗工作的提案》。同年5月，全国政协开展了声势浩大的大运河保护与申报世界文化遗产的考察活动，并在杭州召开了京杭大运河保护与申遗研讨会，发表了《杭州宣言》。由此，拉开了大运河保护与申报世界文化遗产的序幕，大运河作为一项文化遗产进入了国家的文化视野。

2006年11月14日公布的《世界文化遗产保护管理办法》，使国家在世界文化遗产方面有了第一个保护管理的法规性文件，直接推动了我国世界文化遗产的保护事业。2006年年底，国家文物局召开了世界文化遗产工作会议，重设《中国世界文化遗产预备名单》。根据专家的意见，将京杭大运河扩展为中国大运河列入了名单，使它进入了申报世界文化遗产的正常程序。后来，又根据专家的意见，在京杭运河、隋唐运河的基础上，增加了浙东运河。

2007年全国政协十届五次会议期间，在人民大会堂举办了一次集体采访，刘枫、舒乙、刘庆柱和我等几位全国政协委员面对媒体，进行了大运河保护与申报世界文化遗产的呼吁。在此基础上我又牵头写了《关于推进大运河世界遗产申报工作的提案》，40位委员都签名支持这项提案。在各方面的支持下，我们成立了大运河联合申遗办公室。办公室设在扬州，2007年9月26日正式揭牌，开启了大运河沿线城市联盟的统一行动。大运河保护与申报世界文化遗产活动在全国各地得到广泛开展。这样，大运河文化遗产保护整体行动在神州大地上蓬勃展开。

全国政协对大运河保护和申报世界文化遗产开展了持续的考察、调研和研讨活动，前后有陈奎元、徐匡迪、李兆焯、孙家正、罗富和等五位全国政协副主席带队。我们面对的是一个包括京杭运河、隋唐运河、浙东运河在内，连接着 3000 多千米、历经 2500 多年、涉及今天 8 个省和直辖市的 35 个城市的文化遗产资源。考察团对运河沿线城市进行了细致的考察，听取地方政府汇报，交流情况和提出建议。2008 年，为促进大运河保护纳入法制管理的轨道，我再次提交了《关于尽快制定大运河保护条例的提案》，很多专家都签名支持这个提案。

2008 年 3 月 23 日，国家文物局主持召开了大运河保护与申遗工作会议，大运河正式进入了申报世界文化遗产工作程序。第一项工作就是编制保护规划，中国文化遗产研究院承担了规划的编制研究工作，包括吴良镛教授、谭徐明老师等，都参加了规划编制的评审。2008 年 8 月，经过专家评审会审议通过，确定了大运河遗产保护规划编制工作分三个步骤进行：2009 年 6 月前完成地市级的规划编制，2009 年 12 月前完成省和直辖市的规划汇总，2010 年 12 月底完成大运河总体保护规划编制。一项科学的工作需要一个缜密的设计，一步一步都严格按时间按步骤按程序来做，大运河保护规划的编制就是认真按照计划如期完成的。大运河第一阶段保护规划编制工作部署以后，35 个城市全部行动起来。2009 年，国务院成立了 13 个部门和 8 个省、直辖市参加的大运河保护和申报世界文化遗产省部级会商小组，每年召开一次工作会议，有力地推动了这项工作的开展。国家文物局多次召开大运河申报世界文化遗产工作会议，在工作进展到各个不同阶段，或针对某一个地区出现的重要情况，研究并部署工作。例如，南旺枢纽工程大遗址的保护是关键节点，张廷皓先生一直在推动这项工作，使这个节点的工作成为大运河遗产保护工作的一个典范。无锡会议通过了运河遗产保护宣言，进一步对大运河遗产保护工作发出了号召。

国家及运河沿线各城市秉承民意正式启动大运河保护和申报世界文化遗产工作以后，各地政府和民众的保护热情持续高涨。一些河段两岸民众自觉保护运河，参与清理垃圾、打扫运河，出现了“河水清冽，碧波荡漾，当地人在河边张网捕鱼，聊天嬉戏”的情景。一些运河城市搬迁岸边企业厂房，整治历史街区中的不和谐建筑。扬州市、苏州市、无锡市、济宁市等都在探索与实践中保住了城市的独特风貌，凸显了运河城市的文化魅力，让文化传统得以延续，妥善处理了城市发展与运河遗产保护的矛盾。

2014 年 6 月 22 日，中国大运河申报世界文化遗产成功。这意味着大运河的普遍价值、真实性和完整性，以及几代人为保护这些珍贵遗产所付出的艰苦努力，得到了世界遗产委员会和国际专业咨询机构的一致认可，在文化遗产保护领域开创了历史新篇，使人振奋，令人深思。

后记

大运河保护和申遗为文化遗产事业带来了什么

大运河保护和申报世界文化遗产给中国文化遗产事业带来了什么？我总结了三点，这三点都表现出实实在在的变化。

一、文化遗产保护理念和保护范围的重大变化

大运河是一个涉及千千万万家庭、涉及广大地域的巨型线性文化遗产，所以，大运河的保护理念就是要重视全民的参与，它应该是一项世代传承的、公众参与的文化事业。正当大运河保护和申报世界文化遗产起步之时，国务院发布了《关于加强文化遗产保护的通知》，设立了“中国文化遗产日”，营造出文化遗产保护的良好氛围和广大民众广泛参与的社会环境。例如国家文物局每年设立文化遗产日主场城市，在杭州、苏州、宁波、济宁等城市，开展了一次又一次声势浩大的宣传动员，使大运河申报世界文化遗产行动深入人心，达成共识。扬州从 2007 年开始，持续举办世界运河名城博览会，在国际运河城市和文化遗产保护领域形成广泛影响。

在对大运河的保护理念、保护范围方面，我们逐渐形成六个方面新的认识：一是在保护要素方面，大运河是由文化要素与自然要素相互作用而形成的“文化景观”；二是在保护类型方面，大运河是静态与动态共同构成的“活着的、流动着的文化遗产”；三是在保护空间

尺度方面，大运河是由点、线、面共同构成的“线性文化遗产”；四是在时间尺度方面，大运河是由古代遗址、近代史迹还有当代遗产共同构成的“文化遗产廊道”；五是在所保护的文化遗产性质方面，大运河包括了反映普通民众生产生活的工业遗产、乡土建筑等“民间文化遗产”；六是在文化遗产的保护形态方面，大运河是由物质要素与非物质要素结合而形成的“文化空间”。大运河保护和申报世界文化遗产中产生的保护理念进步和保护范围扩展，对全国的文物保护事业有很大的促进。

二、文化遗产保护格局的重大变化

大运河是一个线性文化遗产，但它绝不是一个孤立的文化现象。在保护行动开展之初，我们关注的还仅是京杭大运河，并将其列入全国重点文物保护单位。在开始申报世界文化遗产的时候，又把隋唐大运河纳入。隋唐大运河的起点是洛阳，同时申报世界文化遗产的丝绸之路，其起点也是洛阳，这样就把丝绸之路和大运河在洛阳这个节点上联系了起来。之后随着认识不断深化，又把浙东运河列入申报世界文化遗产的范围，绍兴、宁波等城市也随之加入运河沿岸城市中，这又将大运河与海上丝绸之路联系起来。由此，这些文化遗产资源形成了横贯祖国东西，西连沙漠绿洲丝绸之路，东连海上丝绸之路的巨大的民族迁徙、商品贸易和文化交流通道，就有了今天重新布局的线性和网状的文化遗产资源分布。如此气势磅礴的文化遗产保护格局，在世界范围内史无前例。这样，结合文化遗产保护的实践思考，我们的文化遗产保护理念逐渐进步，也使大运河保护的内涵更加深刻，保护的外延更加丰富。

三、文化遗产保护目标的重大变化

文化遗产保护不仅要求我们尽职尽责、死看硬守、屡败屡战，而且要求我们要有更大的追求。什么样的追求呢？第一，要使我们保护的对象，每一件或每一处可以移动和不可移动的文化遗产拥有尊严；第二，文化遗产保护要成为促进经济社会发展的积极力量；第三，文化遗产保护成果要惠及广大民众。这是从大运河保护实践中总结出来的文化遗产保护要实现的三个目标。

第一个目标，面对城市化进程加速和大规模城乡建设的冲击，大运河沿岸的文化遗产保护应落到实处，使这些古代水利工程、古遗址、古建筑、工业遗产、历史文化街区、历史文化村镇拥有尊严，成为充满文化气息的地方，成为令人流连忘返的美丽地方。

第二个目标，人们生活其中的历史街区、传统村落能够保存下来，并且能够延续下去。一条条历史街区、一座座传统村落在大运河申报世界文化遗产过程中进入了国家保护的视野，也推动了中国历史文化街区、中国历史文化村镇的保护行动，促进了文化景观和文物古迹的保护工作。例如，扬州坚守文化理想，一直没有让任何一栋突兀的建筑侵占和影响瘦西湖的景观，使这些文物古迹和文化景观在城市的发展过程中能够得到持续而有意义的保护。同时，人们正常的生产和生活活动不应该因为保护而终止，而是应该在文化遗产保护和申报世界文化遗产过程中得到延续。例如，我们要正确处理文化遗产保护与运河航运、农业生产、居民生活，以及养殖业、种植业、老字号企业的坚守和发展的问题。

第三个目标，大运河的保护应该惠及广大民众。千百年来，运河两岸民众的生活习俗和已经过惯的和谐生活环境，应该得到保证。我有一组反映运河沿线民众平凡生活的照片。例如，在这些小街小巷里，面对老龄化社会而悠闲生活的老人们，喝着茶看着书，扇着扇子生着火炉子、晨练舞剑打太极拳；孩子们在大运河边尽情游戏、结伴上学、逐渐成长等。这些场景应该继续存在下去，大运河的保护应该能够切切实实地使人们的生活不断地改善，使他们优质的生活能够延续下去。大运河沿岸还有一些传统技术、非物质文化遗产的继承，例如剪纸、书法、手工艺，包括劳动人民织的渔网。我们很欣喜地看到，大运河沿线一些城市陆续开始筹备运河文化博物馆建设，中国大运河科技馆、中国刀剪剑博物馆、中国伞博物馆、中国扇博物馆等，这些活态的传承展示在大运河沿线成为一道亮丽的风景。

全世界没有哪个国家年年申报世界文化遗产，更没有哪个国家年年申报成功，中国在这方面取得了成功，成为名副其实的拥有世界遗产最多的国家。每次申报世界文化遗产成功之后，都伴随着媒体的集中报道，我们听到的声音也是褒贬不一。例如五台山申报世界文化遗产成功以后，有报道说山西省用了5年时间、花了8个亿，才使得五台山终于成功申报世界文化遗产。于是，有媒体评论，为什么花8个亿申报世界文化遗产，不申报又能怎么样，8个亿能盖多少座希望小学啊。其实大家心里知道，申报世界文化遗产花不了多少钱，无非是编制一份申报文本，派代表出席世界遗产大会，但是在中国，每一次申报世界文化遗产，几乎都伴随着一场大规模的环境整治，主要是纠正历史上不重视文化遗产保护的错误，因此要加大投入力度。还以五台山为例，申报世界文化遗产的几十处地点都需要整治环境，其中最严重的就是台怀镇，当时有很多“小门脸儿”把寺庙建筑群围得水泄不通，包括小饭馆、小酒馆、小洗脚房、小卡拉OK厅等，你说僧人们怎么念经啊。经过整治，把这些都拆除了，“深山藏古刹”的意境又回来了，如此五台山申报世界文化遗产才获得成功。河南登封“天地之中”历史建筑群申报世界文化遗产过程中，拆迁了少林寺周边一些杂乱无章的武术学校。西湖申报世界文化遗产虽然没有伴随大规模拆迁，但是也付出了极大的努力。申报世界文化遗产，使保护西湖文化景观成为市民的共识。大家知道，杭州的地价、房价一度高于北京、高于上海、高于深圳，但是城市政府顶住了很多压力，没有让任何一个开发项目进入西湖区域，这不仅是要保护西湖沿岸，而且要保护“三面云山一面城”的文化景观。今天，无论漫步苏堤、白堤，还是泛舟西湖，都看不到任何一栋影响西湖文化景观的建筑。世界遗产委员会对此给予了高度评价，居然全票通过西湖列入《世界遗产名录》。这一过程十分壮烈，但也成为在快速发展的大城市中心区申报世界文化遗产的成功范例，并反映出保护文化遗产的强大力量。保护文化遗产只要形成社会共识，就能够创造奇迹。

我们需要冷静地考虑每一处世界文化遗产申报成功以后的持续行动。还以杭州西湖为例，世界文化遗产申报成功以后，第一个动作不是召开旅游发展大会，而是揭牌成立西湖世界文化遗产监测管理中心。因为我们心中明确一点，申报世界文化遗产成功，不是最终的目标，而是更艰巨的保护行动的开始。世界文化遗产是人类共同的文化遗产，保护好人类文化遗产，我们才能拥有未来，才能创造更加美好的未来。